KB162252

엄마표 유아 생활교육


이현지 구본숙 지음

엄마표 유아 생활교육

이현지 구본숙 지음

예술의숲

# 책을 펴내며

인간이 태어나서 가장 먼저 접하는 곳이 가정이다. 가정이라는 울타리 안에서 아이는 가족과 유대관계를 맺으며 살아간다. 오늘날에는 저 출산으로 인해 가족의 형태도 바뀌었다. 손·자녀와 함께 사는 대가족의 형태에서 핵가족화 나아가 1인 가족이 나오면서 바야흐로 자녀에 대한 양육 태도와 함께 부모의 가치관도 바뀌었다. 특히나 100세 시대임에도 불구하고, 자녀를 많이 출산하지 않는 것은 여성들의 사회적 진출과 관련하여 맞벌이 부부 및 높은 경제적 물가와 교육비에 한 명도 낳아 키우기도 부담스러워하는 경우가 많다. 두 명 출산은 고심하는 상황에 이르렀다.

더욱이 이혼 가정이 많아지면서 한 부모 가정이나 조부모가

자녀를 키우는 경우가 있으며, 아이를 출산했지만, 양육하기에
는 경제적 여건이 부족한 부모도 많다. 아이의 발달과 성장을
돕기 위해서는 부모 보살핌과 애정이 필수적인데, 출산의 기쁨
도 잠시 양육에 대한 심적·물리적 어려움에 맞닿게 된다.

출산은 국가경쟁력과 연관된다. 나아가 한 가정의 행복과도
직결된다. 결혼을 통해 더 행복한 가정을 꾸리기 위해 아이를
출산한다. 한 아이를 출산하여 마음을 다해 키우다 보면 아이를
사랑하는 마음이 생기고 이를 통한 웃음과 행복이 가정에 전해
진다. 이 행복을 더 크게 느끼고 자녀들에게도 서로 의지가 되
도록 한 명을 더 낳고 싶은 마음이 생기기도 한다. 그 이유에서
자녀를 두 명 이상 낳아 키우는 가정도 많다.

맞벌이 부부의 경우에는 아이를 돌봐줄 사람이 없으므로 어
쩔 수 없이 두 명을 낳기가 어려워 외동을 키우곤 한다. 다자
녀의 경우에는 또래 관계에서 혼자만의 경험을 많이 하는 외
동보다는 형제·자매, 남매사이에서의 협동, 방어와 경쟁, 지배
등의 원리를 학습하여 더 일찍 사회성이 발달 된다.

하지만, 양육에 있어 부모가 어떠한 마음을 가지고 접근하느
냐에 다르다. 부모가 자녀를 양육하면서 나타내 보이는 내·외적
인 성향과 태도에 따라 외동아이도 달라진다. 물론 외동의 기질
적·환경적 문제에 있어 가령, 외동의 경우 집에서는 부모의 사

랑과 장난감을 독차지하다가 유치원에서는 선생님의 사랑과 관심이 분산된다. 장난감 또한 혼자 가질 수 있는 것이 아니라, 공동의 소유이며 함께 어울려 놀아야 한다는 규칙으로 내면적 혼란이 생긴다.

따라서 부모의 양육 태도에 따라 이와 같은 고정관념을 탈피하여 일반적 행동으로서의 양육의 범위를 정하고 자녀에게 주어지는 어떠한 일정한 정서적 행동 및 내적 반응에 대해, 상식적이고 보편적인 반응양식을 갖도록 하는 것이 중요하다.

그러한 의미에서 유아에게 가질 수 있는 고정관념 및 편협한 사고방식을 탈피하도록 하는 데 의의가 있다. 무엇보다 우리의 아이들이 올바른 행동 양식과 바람직한 생활습관의 정립을 통해 사회에 기여 하는 훌륭한 성인으로서 성장해 나가는 모습을 기대해 볼 수 있다.

◈ 차 례 ◈

# Ⅰ. 학습활동

## II. 사회생활

## III. 놀이 교육

## IV. 탐구학습

## V. 공동육아

## VI. 생활교육

# Ⅰ. 학습활동

# 1. 한글 교육

　유아들은 친구를 좋아 하고, 주로 장난감을 가지고 놀 때이다. 장난감 가게에서는 인형이나 공룡에 관심을 가질 때 엄마는 책이 있는 공간으로 이동한다. 아이는 싫다고 하는데, 또래보다 먼저 숫자나, 글을 알았으면 하는 욕심이 발동하기 때문이다.

　아이는 본인이 사고 싶은 것이 있는데, 엄마가 책이 있는 곳으로 이끄니 심기가 불편하다. 그러나 유아기에 읽고·쓰기·말하기와 관련해서 한글 학습이 필요하며 아이의 발달 단계에 맞게 지도해야 한다. 어릴수록 놀이로 접근하면 호기심을 자극할 수 있다.

특히나 자음과 모음의 결합으로 하나의 글자가 이루어지는 것은 논리적으로 지도해야 한다. 또한, 실생활에서 유아에게 익숙한 단어의 반복으로 보여주고 한글에 대한 흥미뿐만 아니라, 지속적인 관심을 가지도록 유도해야 한다.

6-7세 무렵 유치원에서는 아이는 초등 1학년을 준비하기 위한 한글 교육이 시작된다. 발달 시기에 따라 놀이 형태의 접목한 한글 교육 프로그램을 활용한다면 언어 학습의 성공적인 놀이 교육이 된다. 놀이와 학습을 분리하기보다 놀이가 학습 일부분이 되어 유기적으로 아이의 일상에 스며들어 한글을 익혀나가면 어느 순간, 아이는 혼자 힘으로 책을 읽기 시작할 것이다.

무엇보다 아이들은 빠르게 잊고 집중력도 떨어질 때도 있음을 알고 반복적으로 꾸준히 인내심을 갖고 지도하는 것이 좋다.

한글을 깨치지 못하고, 1학년이 다가옴에도 흥미를 갖지 않아 불안한 모습을 보인다면 아이는 위축감이 들고 자존감마저 떨어질 수 있으므로, 부모는 한글을 익히고 읽는다는 것은 재미있고, 그리 어렵지 않을 것이라는 희망의 메시지를 준다. 그렇게 한다면 아이는 부모를 믿고 긍정적 유대 관계가 형성되어 공부를 포기하지 않고, 즐겁게 배우게 될 것이다. 한글을 익힌후 말의 관계도 이해하고 명확한 의미를 알아가며 생각과 느낌, 경험이 확장되어 이를 글로 표현하는 능력을 지니게 된다.

## 2. 유아기에 배우는 태권도

　태권도는 신체 단련과 더불어 인격 완성으로 집약된다. 건강한 육체에 건강한 정신이 깃든다는 말이 있듯이 태권도를 통해 몸과 정신을 통일하며 수련 과정을 통해 인내력 및 겸손을 기르는 과정을 경험한다. 최근에는 예절 교육을 통한 인성교육 및 자신감을 습득시키기 위해 맨몸으로 하는 태권도를 권장한다. 아이들은 태권도를 통해 자신의 몸과 마음을 닦으며 강한 정신력을 함양할 뿐만 아니라, 규범과 질서를 통해 집단에 대한 협동심을 강화한다.

　태권도를 다니며 띠가 바뀌는 것을 경험하는 아이는 배움에 따라 실력이 향상되는 것을 몸소 느끼고 그것을 가시적인 수단으로 띠의 색이 바뀌는 것에 자존감이 향상되고 성취감을 느낀다. 따라서 더 높은 띠를 향해 노력하게 된다. 띠를 높이기 위해서 태권도를 하는 것은 아니지만 아이들에게는 동기부여와 지속적인 노력에 긍정적인 영향을 미친다.

오늘날은 태권도 학원에서 비단 태권도만 하는 것이 아니라 피구, 에어 바운스, 줄넘기, 레크리에이션 등 여러 운동을 겸해서 운영한다. 다양한 신체 활동으로 아이는 즐거움을 느끼고 사회성과 근지구력이 향상된다. 또한, 운동 기구를 활용하는 신체 활동은 집중력이 향상될 뿐 아니라 공간 활용능력 및 거리, 방향, 높이 등을 이해하기에 도움이 된다. 무엇보다 또래들과 함께 몸으로 하는 운동을 함으로써 친구 사귀기 쉬우며, 남의 사정과 처지를 이해하는 너그러움을 지닐 수 있다.

앞으로의 사회에서 성공하는 아이는 '남에게 친절한 사람'이라고 한다. 능력이 함양되더라도 사회성이 부족하면 전인적인 인간이라 할 수 없다. 도장에서 이루어지는 다양한 활동 프로그램을 통해 사회성이 증진될 것이다. 현재 여자아이들도 자기 보호 수단으로 태권도를 많이 배우는데 성별을 넘어서 남녀 학생에게 준법성, 협동성, 사교성을 심어주며 봉사 활동이나 청소에도 적극적으로 참여하여 다른 사람의 모범과 솔선수범하는 책임감으로 귀결될 수 있다.

# 3. 목공 활동

　　목공 활동을 통해서는 '무엇을 어떻게 만들 것인가?'에 대한 물음으로 아이는 자르고, 깎으며 하는 창의력과 시각・청각・촉각을 통한 뇌세포 운동을 활발히 한다. 마감 작업으로 사포질을 함으로써 나무 표면을 부드럽게 만든다. 그리고 천연 마감재를 칠해 마무리한다. 이 마감 작업은 아이들과 함께할 수 있다. 실제 가정생활 속에 목재를 이용한 가구, 도구 등이 많다는 것을 인식하고, 목재를 이용하여 설계도를 아이와 구상해 봄으로써 목재 제작 과정을 자연스레 습득할 수 있다.

　　최근에는 성인들의 취미 활동으로도 목공예가 유행이다. 특히 아버지가 아이의 책상과 의자, 식탁 등 가정에서 직접 사용할 수 있는 가구를 만드는 모임과 수업이 활성화 되고 있다. 다양한 목재를 이용해서 평소 비슷하게만 보였던 나무마다 특성과 색상, 무늬 등을 학습하기도 한다. 결과적으로 생활 도구나 제품 등을 만들었다는 성취감과 집안 분위기와 어울리고 가족들이 필요로 하는 물건을 아버지가 만들었다는 자부심에 한층 만드는 즐거움을 더한다.

만드는 과정을 아이에게 보여주고자 한다면 톱밥 및 목재 분진으로 아이의 호흡기에 문제가 생기면 곤란하므로 마스크를 착용하거나 장시간 분진에 노출되지 않도록 한다. 또 나무 조각이나 부스러기에 다치지 않도록 특별히 신경을 써야 한다. 아이들은 톱이나 기계 등은 위험해서 당장 사용하기 힘들지만 추후, 기계적인 장치를 접목하여 결과물을 발전시켜나갈 수 있도록 큰 그림을 그리며 아이를 지도한다. 기계 활용에 관심과 호기심을 자극하게 된다.

성인이 되어서 본인이 원하는 독서대, 소형액자, 받침대 등도 얼마든지 만들 수 있다. 또 실생활의 유용함을 생각하고, 그에 따른 제작과정을 구체화할 수 있다. 이를 통해 올바른 쓰임새에 대해 깊게 생각할 뿐 아니라 공간지각 능력의 발달, 입체구성물에 대한 이해로 아이들의 좌반구와 우반구의 균형적인 발달에 도움이 될 것이다.

# 4. 창의력 향상

창의력 교육은 특정한 문제에 있어서 유아의 다양한 해결방법을 산출해 내는 사고능력이다. 고정되고 경직된 사고에서 탈피하여, 스스로 고뇌하여 개방적인 사고를 촉진하고, 또래와 협동하여 브레인스토밍과 같은 의견 도출 방법들을 동원해 최적의 결과를 도출하여 문제를 해결하거나 찾아 나서는 것이다. 브레인스토밍은 하나의 주제에 여러 명의 구성원이 비판이나 비난 없이 자유롭게 아이디어를 제시하는 것을 기본으로 한다.

대부분 아이는 하나의 문제에 집중하거나 장시간 문제를 해결하다 보면 지루해서 짜증을 내거나 중도에 그만두고 포기하는 경우가 많은데, 이를 극복하기 위해 경험을 통한 반복 학습이 필요하다. 직접적이고 다채로운 경험은 잘못된 방법이나 독단적인 사고 및 생각에서 탈피하여, 폭넓고 다양한 아이디어를 산출하는 즐거움을 느끼게 해준다. 이로 인해 유아는 집중력 증진과 더불어 성취욕을 충족하고 목표를 달성에 자부심을 지니게 된다.

무엇보다 창의력에는 결과를 산출할 때의 과정을 즐기고 몰입하도록 한다. 오늘날의 결과 중심 학습에서 벗어나 습관과 독창적인 사고력을 길러주는 과정 중심 학습의 일환으로 시각적 감각을 자극할 수 있는 체험교육프로그램도 좋다. 박물관이나 미술관을 견학 하거나 아이의 눈높이에 맞춘 기획전시를 찾아 감상하고 구상하도록 지원해주도록 한다. 이곳에서 교육프로그램을 신청하여 전시물과 연계된 활동을 하고, 아이에게 개방적 질문을 통해 창의력을 증진 시킬 수 있다. 개방적 질문이란 여러 가지 답이 나올 수 있는 질문을 의미한다. 반대로 폐쇄적 질문은 단답식으로 하나의 답이 나오거나 '네' 혹은 '아니오'로 답할 수 있는 질문이다.

가정에서는 유아의 동작이나, 움직임을 통한 교구 활동을 지향한다. 이러한 교구는 창의력 발달에 효과적이다. 아이의 호기심을 불러일으키는 교구 놀이는 창의적 사고 배양을 위해 가정에서 행할 수 있는 간단한 방법이기도 하다.

# 5. 위인전 읽기

　위인전은 현재 존재하고 있는 인물이나, 실제로 존재했던 인물의 인생과 업적에 관한 이야기이다. 무엇보다 타인의 본보기가 될 만한 부분이 구체적인 글로 표현됨으로써 아이들에게 간접 체험을 할 수 있으며, 그들의 노력과 어려움을 극복해 나가는 과정들을 통해 커다란 교훈을 얻을 수 있다.

　한편 아이의 장래 희망에 따른 본받을 만한 인물에 대한 탐색과 그들의 삶의 여정을 읽어 본다면 감동과 도전하려는 용기를 가질 수 있다. 위인이 되기까지의 과정에서 실패나 좌절을 견디고, 어려움을 극복하는 위대함이야말로 아이의 장점을 살릴 수 있고, 최종적으로는 끊임없이 발전하고 싶은 마음을 가질 수 있게 한다.

위인전을 통해 동일시하는 대상을 보여주며, 그들의 인품과 학습 동기 및 학습의욕, 생활습관, 학습습관을 닮아가고자 노력한다. 위인전 읽기는 독해력 향상뿐만 아니라, 읽고·쓰고·말하는 태도도 함양시켜 준다. 오늘날은 가정에 책의 보유량이 늘고 있다. 과거에는 학교나 지역도서관에서 빌려서 아이에게 읽어주었다면 오늘날은 가정마다 책꽂이에 전집을 비치해 아이가 독서에 흥미와 습관화가 형성되기 수월한 환경이다.

유아들에게 위인전을 읽히기에 다소 흥미 유발의 어려움이 있다면 생활동화나 전래동화를 먼저 읽고 위인전에 대한 흥미를 불러일으키면 관심을 보일 것이다. 특히 아이가 되고 싶어 하는 인물이나, 닮고 싶은 위인에 대해 꿈을 키울 수 있도록 꾸준히 읽는 습관과 더불어 인간 존엄과 직업에 관해 탐구할 수 있는 환경을 조성해 주도록 한다.

한글을 만든 세종대왕이나, 발명가 에디슨, 퀴리 부인 등의 이야기가 수업 시간에 나오면 위인전일 읽은 내용이 상기되어 학습의 흥미와 재미를 가져다줄 것이다. 위인전을 읽으며 궁금했던 것을 선생님에게 질문하고 위인전에서 읽었던 내용과 더불어 새롭게 알게 된 내용을 자기화 과정을 거치면서 위인전 읽기의 내면적 가치를 깨닫게 된다.

# 6. 영어교육

　유아들이 외국어를 모국어처럼 잘 표현하길 원하는 것은 엄마의 바람이다. 유창한 외국어로 이야기를 하기까지는 시간과 노력이 많이 든다. 유치원 진학 시 영어유치원은 비용이 많이 든다. 모든 활동이 영어로 진행 되어 실력이 늘지만, 기회비용을 생각하여 득과 실을 잘 생각해 보고 결정해야 할 부분이다. 영어유치원 3년간의 비용으로 차후 어학연수나 유학을 보내기도 한다.

　외국어 습득에 있어서 학자마다 의견이 분분하다. 언어를 습득하는데 시기가 있다고 하여. 13세 이전에는 신경 근육 조직이 유연하여 사춘기를 지나 배우는 것보다 습득 능력이 좋다는 것이 조기 영어를 지지하는 학자들의 주장이다. 또한, 아이들이 성인이 되어서 외국어를 배우면서 실수할 경우 부끄러워하지 않기에 성인이 되어 시작하기보다 오히려 일찍 접하는 것이 외국어와 외국 문화에 대해 편견이 없이 배울 수 있다는 것이다. 이에 아이들에게 흥미를 주면 사고가 훨씬 발달 되어 이해력에 좋다고 한다.

하지만, 다른 이유로는 2개 국어 대한 심리적 측면의 부작용을 이야기 한다. 언어는 후천적 능력으로 그다지 습관 형성에 큰 영향을 주지 않는다고 하며, 성숙한 성인이 오히려 유아보다 유리해서 더 빨리 언어를 배울 수 있다고 주장 한다. 어린 시절부터 영어를 접하고 가르치게 된다면 무엇보다 지속적인 호기심과 흥미로 영어에 관심을 가지고 몸소 경험 하게 하는 것이 긍정적 효과를 준다.

외국어를 강압적으로 시키기보다 자연스럽게 언어 능력을 향상되는 방법이 모색 되어야 한다. 가령, 음악이나 연극, 미술을 통해 이야기를 표현 하도록 한다. 처음에는 한 단어로 표현할 수 있는 것들을 인지시킨다. 약 24개월이 지나서야 언어에 대한 기본적인 것을 익히게 되며 이것 또한 각자 타고난 성향 및 소질에 따라 다르다. 단어를 조금씩 알게 되면 두 단어를 연결하여 간단한 문장을 만들어 영어 활용 능력을 증진 시키고, 점차 다양한 표현을 익혀나가는 것이 좋다.

# 7. 아름다움을 느끼며, 감상하기

아름다움에 대한 어원과 해석은 다양하지만, 하나의 사물이나 주제에 대해 의미를 지니고 다가가면서 느끼는 심미적 감정이라고 할 수 있다. 하지만 아름다움을 인식하더라도 그에 내포된 참모습과 아름다움을 마음속 깊이 진심으로 느낄 수 없다면 가치가 없다.

그렇기에 다양한 사물을 감상하고 느끼도록 기회를 주어야 한다. 미술관이나 갤러리를 찾거나 바쁜 일상을 벗어나 아이와 함께 자연 속에서 꽃과 사람에 대해 그 아름다움을 이야기 하고, 아름다움을 발견 하도록 조력해야 한다. 많은 사물과 자연을 보며 아름다움을 탐구하고 감상해 본다. 이를 자신만의 감성으로 표현해 보도록 한다. 예를 들어 미술전시회를 다녀온 후 느낀 감정을 춤이나 노래로 표현 하거나 그림으로 그려보게 하는 것이다. 표현 시간이 유의미 하도록 어떤 감정을 느껴서 이렇게 표현을 한 것인지 물어 보고 정리 하도록 한다.

있는 그대로 그리거나 표현해 보는 것도 좋다. 아리스토텔레스는 '예술은 모방'이라 정의 했다. 인간은 무수한 역사 속에서 자연물을 모방하며 다채로운 예술품을 탄생시켰다. 아이는 모방으로서 실력 향상을 도모하고 나아가 자신만의 예술을 창조하는 능력을 지니게 된다. 자연물을 보고 그림을 그리거나, 새가 지저귀는 소리를 따라 해 보는 것이 예이다. 이러한 과정을 통해 스스로 예술적 존재가 되고 표현할 줄 아는 정서적으로 풍요로운 아이로 성장한다.

아름다움은 주관적이므로 타인이 아름답다고 해서 그것에 동조할 것이 아니라, 내면의 개성과 단단함을 가지고 아름다움을 주체적으로 향유 하는 아이로 자라도록 해야 한다. 아이는 마음 속에 경이로운 우주를 품고 있다. 내재적 아름다움이 발현될 수 있도록 미적 감정에 수용적 자세로 대해야 한다.

삶 속에서 아름다움을 발견하고 즐거움을 만끽하는 방법으로는 자연과의 교감이다. 자연이 주는 감흥을 느낄 수 있는 충분한 여유를 주고 자연 속에서 맘껏 뛰어놀게 한다. 이러한 놀이는 내면적으로 건강하고 아름다운 사람으로 자라게 된다.

# 8. 예술적 표현 존중

유아의 다양한 예술적 표현 활동은 눈으로 느끼는 시각적 자극에 비롯되어 그 이미지를 연상하고 아이디어나 심상을 떠올릴 수 있는 창작 표현의 기반이 된다. 이러한 예술적 활동은 상상력을 자극하여 언어적 표현 활동에 영향을 끼치고 통합적 사고를 하는 원동력이 된다.

그러므로 하나의 사물에 대해 구체화 해보고 생각이나 느낌을 '표현'으로 정리해 보도록 한다. 예를 들어 정원에서의 꽃을 보고 집에 와서 그것을 그림으로 표현 하고(미술), 글이나 말로 표현(문학) 하고 운율이나 심상을 떠올려 노래나 몸짓으로도 표현(음악, 무용)할 수 있다. 이는 독창적 사고뿐만 아니라, 감성이 기반 된 다채로운 표현 능력 향상에도 효과적이다.

또한, 문학적 표현 기반으로 아이가 평소 좋아하는 동화책을 읽고 그 내용을 능동적, 자발적으로 자신의 감정과 생각과 연결하여 이야기를 전개하는 것은 풍부한 단어의 확장과 새로운 줄거리의 모색, 이야기 속의 이미지를 표현하는 능력이 향상 된다. 유아기를 지나 학령기를 맞게 되면 글짓기 대회를 비롯해 글을 창작하고 쓰는 활동들이 많아진다. 이는 한순간에 이루어지는 것이 아니라 유아기 시기부터 천천히 내면화 되었다가 학령기에 발현 된다.

시각 표현 활동을 위해 미술 전시회를 관람하면서 작가의 의도를 이해하고 작품을 해석하는 감상 능력과 친구나 부모에게 감상한 미술을 설명해 주고, 교감 하도록 한다. 그리고 '나'라면 어떻게 그렸을지 재창조 하여 표현해 보도록 한다. 미술 활동은 비단 표현뿐 아니라 이론, 표현, 감상 세 가지 요소를 함께 교육 하여 유의미한 미술 활동의 기반이 되도록 한다.

이렇듯 유아의 예술적 표현 향상을 위해 유아 스스로가 고유한 감성을 지니고 표현하는 능력을 키우도록 독려해야 한다. 동화책 한 권이 한 점의 그림으로 승화될 수 있다. 이 같은 표현 활동이 존중되어 반복 된다면 언젠가 유아 혼자서도 스스로 동화를 짓고, 그림을 그릴 수 있는 창조적인 능력을 지닐 것이다.

# 9. 주산 교육

　주산은 오랫동안 사용되어 온 계산 도구이다. 기성세대들은 1980~90년대 주산 교육이 붐이 일어 주산을 배우는 이들이 많았고 이 시기의 학생들은 보편적으로 수의 습득 능력이 유연했다. 주판으로 곱셈, 뺄셈, 나눗셈까지 할 수 있기에 주산을 못하는 이들은 부러울 따름이었고, 주산을 잘하는 이를 독려하기 위해 당시 주산 경기 대회도 있었다. 무엇보다 주산을 잘하는 아이를 보고 찰나 뇌리의 기억으로 암산을 하는 것에 탄복하여 이들이 신의 경지로 보일 정도로 강렬했던 어린 시절의 기억이 있다.

　특히, 암산할 때에는 정신 집중력과 주판의 원리를 생각하며 손가락을 움직이며 하기에 본연의 정신, 몸, 손가락에 고도로 집중하게 된다. 수학에 있어서 사칙 연산은 숫자를 배우고 단계적으로 해 나가는 것이 좋다. 우리가 학습하고 비로소 온전히 습득해야 실생활에 유용하게 쓸 수 있다. 과거 학창 시절에는 학원이나, 취미, 학교의 동아리 활동 중의 하나로 주산이 존재했다.

지금은 휴대폰에 계산 기능까지 탑재 되어 있어 두뇌를 활용하지 않고 수를 계산할 수 있는 시대에 살고 있다. 과거 아파트 상가 주변에 주산학원이 있었다면 지금은 발레, 태권도, 종합학원, 피아노 등으로 구성 되어 잘 찾아볼 수가 없다. 문화센터나 초등학교 방과 후 교육으로 배우는 아이들은 종종 있다.

과거 학창시절 수학시험은 단답형의 정답만을 요구했다. 지금은 수학 시험에서 그 문제를 어떻게 생각하며 풀었는지에 대한 풀이 과정을 보고 가산점을 주기도 한다. 수학은 논리적 사고를 배양하는 학문으로 유아기 주산 교육은 이러한 문제 해결 능력에 도움이 된다.

주산 교육은 사칙연산의 개념뿐만 아니라 숫자를 이해하고, 계산을 수행할 때 전반적인 두뇌활동을 활발히 할 수 있는 교육 도구이다. 주산을 경험한 아이라면 손가락을 움직여 수를 계산하고 두뇌를 이용한 정신적 집중력으로 폭넓은 계산 방법을 활용하고 연산하는 능력을 키울 수 있다.

# 10. 전시회 관람예절

미술전시회를 관람하는 목적은 다양하다. 일반적으로 전시회라는 장소적 관념은 조용하고 격식 있게 작품을 감상하는 곳으로 인식된다. 얼마 전 관람객이 작품의 연결성 소품으로 놔둔 물감을 자유롭게 덧그리는 참여 미술인 줄 알고 물감을 작품 위에 뿌렸다고 해서 작품에 손실이 간 사례가 있다.

특히 자유분방한 아이와 함께 작품을 감상하려면 쉽지 않다. 장소가 전시회인 만큼 타인을 위해 정숙해야 하고 공들여 만들어진 작품인 만큼 작가의 의도와 제작 과정을 인지하고 작품을 감상해야 하는 것이 예의이다. 일본에서 한 장인의 전시회에 관람객이 무릎을 꿇고 예를 표하며 관람하는 사람을 본 적 있다. 그는 장인이 한 작품을 만들기까지의 고뇌와 시간, 노력 등을 알고 있었을 것이다.

아이들과 방문한 전시실이 방문객이 많아 혼잡하다면 차례로 줄을 서서 관람하도록 해야 한다. 전시실에서는 뛰어다니거나 큰 소리를 내서도 안 되고 음식물이나 음료도 가져가서는 안 된다. 이는 모두를 위한 배려이다. 관람 전 아이에게 전시회를 가기 전에 지켜야 할 매너를 인지시키고, 더불어 사람들 틈에 아이를 잃어버리지 않도록 손을 잡고 관람하거나 보호자가 항상 가까이 있어야 한다.

물론 전시실이 실내도 있지만, 실외에 있는 경우 퍼포먼스, 행위 예술, 공연을 통한 축제를 함께 하기도 하고 환경 조형물과 같이 크기가 큰 작품과 대면하기도 한다. 그때 아이들이 작품을 함부로 만진다거나 마음대로 올라가거나 들어간다거나 한다면 작품의 손상뿐만 아니라 타인의 관람에 피해를 줄 수 있기에 전시회 관람에 대한 관람 순서 및 예절 사항을 미리 숙지하도록 한다. 아이가 미리 언급한 관람 예절을 잘 지켰다면 충분한 칭찬을 해 준다.

작품에 대한 이해뿐만 아니라, 어른스러운 태도로 관람했다는 사실에 전시에 대한 자존감의 향상과 전시회 관람에 동기부여가 되어 취미이자 문화적 향유로서 삶 속에서 아이와 함께 즐겁고 유익한 감상을 지속할 수 있을 것이다.

# 11. 신문 활용 교육

가정에서 신문지는 반짝이 놀이를 할 때나, 크레파스, 물감 놀이 등 미술 활동을 할 때 펼쳐 놓는다. 바닥이 오염되지 않게 깔아놓는 역할에 주로 국한 되지만, 어린이집이나 유치원에서는 신문지를 찢어서 커튼처럼 만들기도 하고, 그림에 오리고 붙이는 등 다양한 활동에 이용된다. 사진을 오리거나, 글자를 오려 붙이는 놀이도 유익하다. 어른이 된 후, 활자로 된 신문을 읽는다면 어린 시절 신문을 이용한 활동들을 기억할 것이다.

아이를 처음 낳아 잘 기르고 싶은 마음에 부모는 영아기 시기부터 값비싼 책을 사주기 시작한다. 3~12개월의 아이에게 가장 좋은 책은 신문지이다. 영아기는 감각 발달의 시기로 책을 이해하고 본다기보다 주로 찢게 된다. 비싼 책을 찢으면 경제적으로도 비효율적이니 마음껏 찢을 수 있는 신문지가 가장 좋다.

신문은 자신이 보고 싶은 것만 골라 보는 인터넷 기사와는 다르다. 신문을 보면서 아직 어렵겠지만 어렴풋이나마 정치·경제·사회·문화 등에 대해 전반적으로 이해할 수 있다.

한글을 아는 유아는 활자 신문을 스크랩해서 자료를 모아 그것을 활용해 모르는 단어를 알아가고 사회에 대해 미리 공부해 볼 수 있다. 실제 초등학교 3학년 무렵 사회 과목이 어려워지며 공부를 잘하는 아이와 그렇지 않은 아이가 확연히 구별된다. 유아기에 미리 신문을 접한 아이들은 사회 과목이나 새로운 학문을 받아들임에도 비교적 유연한 학습 태도를 보인다.

넓은 범주로 과거 현재, 미래를 볼 수 있고, 무엇보다 신문에 드러나는 현실은 시대의 거울이며, 시대상을 담고 있다. 아이들이 어린 시절부터 신문을 통해 정치·사회·문화에 관심과 올바른 시민의식을 가진 현대인으로 자란다면 더할 나위 없다. 신문은 이성적이고 합리적인 마인드를 길러준다. 사물에 대해 균형 잡힌 인식을 할 수 있다.

특히 가족 모두가 참여하는 '가족 신문 만들기'는 유아가 활동하기 내용적 부담이 없으며 아이뿐 아니라 부모 역시 신문을 활용하는 모습을 자녀에게 몸소 보여줄 수 있다.

# 12. 즐거움을 심어주는 음악교육

음악은 즐거움이다. 삶에 즐거움이 없다면 무슨 낙(樂)이 있겠는가? 아이는 음악과 춤의 흥겨움을 알기에 혼자서 신이 나서 노래와 춤을 춘다. 어린이집이나 유치원에서 배운 노래와 춤을 제법 가사를 떠올리며 즐거움을 느끼곤 한다. 부모는 음악이 주는 정서적 유익함에 대해 잘 알기에 음악 전문 유치원을 보내기도 한다. 그곳에서 다양한 악기를 접하며 음악적 감수성을 고취한다. 특히 음악적 감각을 가진 아이들은 더 특출 난 재능을 보이기도 한다.

반면 음악을 즐기는 것은 좋으나 악기를 배우기 위해 음감을 익히고 계이름을 배우며 연주를 하게 되면, 대부분 유아는 어려움에 봉착한다. 악기교육은 초등학교에 들어가서 배워도 충분하다. 매우 어린 나이에 배우고 잘하는 아이도 있지만 그 아이는 음악적 소질이 특출 나게 뛰어난 경우이다.

아이들에게 유행가도 좋지만, 학습적 노래나 동요가 유익하다. 짧고 반복 되는 음은 아이들이 외우기 쉽고 흥미를 자극한다. 중학교 시절 한문 선생님은 12절기를 노래로 외우는 법을 가르쳐 주었다. 30년 이상 지난 지금까지 잊어버리지 않고 혼자 흥얼거린다. 음악적 감각이 내면화 되었기에 가능하기도 하지만 노래 자체가 외우기 쉽고 반복적인 리듬감이 있어 즐거움을 부여하기 때문이다.

흥이 많은 아이는 누워 있다가도 벌떡 일어나 손동작을 하며 노래를 부르기도 한다. 이때는 아낌없이 칭찬해 주도록 한다. 칭찬해 주지 않는다면 머쓱한 마음에 자신감을 잃을 수 있다. 칭찬은 고래도 춤추게 한다는 속담과 같이 잘한다고 칭찬하면 또 불러준다.

아이는 배운 노래와 춤을 엄마, 아빠에게 장기자랑 하듯이 보여 주고 싶은 마음을 지니고, 잘하는 것을 부모에게 보여줌으로써 인정과 칭찬을 받으며 웃음을 주고자 한다. 아이들은 잘한다고 칭찬하면 그 칭찬에 힘입어 더 열심히 한다. 아이들은 칭찬과 관심을 먹고 산다. 어른들이 보기에 부족하고 어색한 부분들이 있겠지만 아이이기에 음악적 표현을 열심히 한다는 것, 그것만으로도 매우 기특한 일이다.

# 13. 정리정돈 하는 법

　아이들은 놀이는 즐겁지만, 정리정돈에 관심이 없다. 인형이
나 장난감을 왕창 꺼내 실컷 놀다가도 다른 놀잇감이 있으면,
재빨리 그것에 관심을 가진다. 새로운 것에 대한 호기심으로 또
래가 관심을 가지는 장난감이 있다면 자신도 그것을 가지고 싶
어 안달이다. 부모는 아이가 가지고 싶어 하니 또 사주게 된다.
아이가 원하는 장난감을 사주게 되면서 그것으로 집안의 짐이
늘어난다.

　아이는 이것저것 마음 가는 대로 가지고 놀고 정리를 해놓지
않으니 집안이 엉망이다. 장난감이 발에 밟히기도 하고, 어두운
밤일 경우, 무심코 화장실로 걸어가다가 밟아서 다치는 경우도
생긴다. 뾰족한 장난감이나 끼우는 부분이 툭 부러져 날카로운
부분이 생긴 것이 방에 굴러다닌다면 다칠 수 있다.

안전을 위해 놀잇감을 가지고 놀고 정리정돈 하는 습관이 필요하다. 세 살 버릇이 여든까지 간다고 하니 애초에 습관으로 잡아두면 아이에게도 유익하고 부모도 편하다.

그러기 위해서 주위 환경을 깨끗하게 정리하면 쾌적하다는 것을 알려줄 필요가 있다. 예를 들어 깔끔한 책이 있는 책상은 공부하기에도 기분이 좋고, 정갈한 마음이 들어 정신도 부산스럽지 않다. 반대로 지저분한 공간은 아이가 쉽게 피로함을 느끼고 활동에도 비효율적이다.

오늘날의 장난감은 정교하고 크기도 다양하다 보니 아이들이 섬세함을 학습할 수 있다. 반면 자잘한 부분들이 많으니 구성품 가운데 하나라도 잃어버리면 놀이를 제대로 못 하게 된다. 장난감과 학습 도구를 잘 정리하거나 챙겨둔다면 다음에 활용할 때 잃어버리지 않고 계속 사용할 수 있다. 특히 학습지와 함께 구성된 교구는 잃어버리게 되면 사기 위해 비용이 많이 소요될 뿐만 아니라, 다음에 학습 진도에도 영향을 미치므로 교구 활동이 끝난 후 흐트러지지 않게 잘 보관해 두는 것이 필요하다.

아이들에게 정리정돈 하는 습관을 배양하기 위해서는 낮은 교구장이 좋고 수납함이나 바구니에 담아야 할 물건을 적거나 한글을 모를 경우, 사진으로 붙여놓고 스스로 담도록 한다.

# 14. 유아 영재

또래 보다 어느 영역에 있어서 뛰어난 수준을 가지고 있는 아이들이 종종 있다. 놀이하는 시간에 1시간 이상 집중하는 경우가 많으며, 15분 정도 고도의 주의 집중과 몰입하는 모습을 보여준다. 영재의 요소로 지능, 창의력, 과제 집착력이 있다. 소위 집중하는 능력을 과제 집착력이라 한다. 부모는 지능과 창의력에는 많은 관심을 기울이지만 정작 집중력에 대해서 간과하는 경우가 많다.

예를 들어 미술학원에 다니던 아이가 조금 힘들다고 그만두겠다고 하면 부모는 즉시 그만두게 하는 경우가 많다. 이 경우 아이는 집중능력이나 어려움을 해결하는 능력을 기를 수 없다. 어려움을 직면하면 그만두면 된다는 인식이 유아기부터 내면적으로 자리 잡게 되는 것이다.

대부분 부모는 아이가 영재이기를 바란다. 영재에 대한 부모의 지나친 기대는 오히려 아이의 성장에 방해가 됨을 깨닫고 학업적, 가정환경, 교우관계에서 스트레스를 받는 아이에게 부모의 기대 정도에 아동이 어려움을 겪지 않도록 관심을 가져야 한다. 어린 시절부터 영재였던 한 피아니스트는 인터뷰에서 피아노만 있다면 산속에서도 홀로 살 수 있다는 말을 했다. 영재로 기른다면 하나의 배움에 최선을 다하도록 지도한다.

영재의 경우, 지적인 대화를 나누는 친구와 돈독하게 인간관계를 맺으며, 소수의 친구만이 자신의 알아주는 친구로 인식하는 양상을 보인다. 이들은 지적, 언어적인 빠른 발달로 상대에 대한 감정이입과 친구를 배려하는 모습을 보인다. 흔히 똑똑한 아이는 타인에 대한 배려심이 부족 하다고 생각하지만, 실상 그렇지 않다. 또래와의 의사소통과 더 나아가 사회적 관계망에서 어른들과의 의사소통을 즐기는 모습을 보이며, 한편으로는 친구들의 욕구에 맞춰 행동해야 함에 스트레스를 느낄 수도 있다.

영재 기질을 보이는 아이가 독단적인 생각에 빠지거나 적절한 교육을 받지 못하면 그 재능이 없어져 버릴 수 있을 뿐만 아니라, 사회적 정서적 어려움에 직면하여 좌절할 수 있음을 알고 부모가 조기에 영재성을 발견하는 것 역시 중요하다.

# 15. 한문 교육

　유아기의 아이들은 아직 한자와 관련된 어휘력이 부족하다. 한국어 가운데서도 어려운 낱말들이 한자어로 되어있는 경우가 많으므로 '이게 무슨 뜻이야?' 하고 아이들은 종종 물어본다. 부모는 일한 의미의 단어라고 알려주지만, 제대로 알기 어렵다. 유아기 시기에 한자 급수를 위해서 한문을 가르치고 외우도록 하는 부모가 많다. 한자 학습지를 시키기도 한다.

　그러나 아직 많은 한자어를 읽고 쓸 필요는 없다. 물론 한자 학습에 흥미가 있는 아이들에게는 조기 한문 교육이 효율적이나 다수의 아이는 어려워한다. 한자에 대한 뜻만 알더라도 어휘력 향상에 큰 도움을 준다. 예를 들어 '어류'가 무엇인지 질문할 경우 '어(漁)'가 물고기를 나타내는 한자어라고 알려주며 관련된 낱말들을 예를 들어 준다. 어류, 어부, 복어, 잉어 등 '어(漁)'에서 파생된 다양한 낱말을 설명 해준다면, 아이는 물고기와 관련된 낱말에 '어(漁)'가 들어간다는 것을 자연스럽게 알게 된다.

　이러한 의미를 조금씩 알고 난 뒤 읽고 쓰는 한문 교육이나 한자 급수를 위한 교육을 하더라도 늦지 않다. 오히려 기초적인 의미를 알고 한자를 배운다면 습득 능력이 더욱 향상될 것이다. 그 중간 단계로 아이들에게 한문 학습 만화를 보여주는 것도 좋다. 한문 교육은 비단 국어나 어휘력 향상에만 국한되지 않는다. 문자적인 부분들을 단순 암기식으로 외우는 것보다 흥미를 갖는데 보조적 수단이 될 수 있다. 유아기에 익힌 한자는 초등학교 입학 후 학년이 올라 갈수록 학업과 직면하게 된다.

　예를 들어 초등학교 3학년부터 사회 과목을 배우게 되는데 가목 특성상 시사적인 용어와 한자어로 구성된 단어가 등장한다. '의례', '제례' 등의 단어는 아이들이 처음 접하면 어렵고 무슨 뜻인지 제대로 알지 못한다. 그러나 한자를 아는 아이들이라면 형식과 예의를 갖춘 행사라는 의미의 '의례' 제사를 지낼 때 갖추어야 할 예의라는 의미의 '제례' 등 뜻을 알게 되므로 학습이 더욱 구체화 될 수 있다.

# 16. 디지털 교육

　오늘날 아이들은 스마트폰을 시청하며 미디어에 많이 노출되어 있다. 아이들을 데리고 식당에 가면 스마트폰을 보고 있는 유아들이 아주 많다는 사실을 알 수 있다. 식당에서 돌아다니거나 시끄럽게 할까 봐 아이들이 집중할 수 있는 스마트폰을 보여주고 만다. 가장 손쉬운 방법이기 때문이다. 그러나 스마트폰이 아니더라도 아이들을 집중시키는 방법은 다양하다. 흥미를 갖는 블록이나 퍼즐 등과 같은 놀잇감을 제공해 주는 것이 바람직하다.

　처음부터 식당에서 동영상에 노출된 아이들은 다시 실물 교구를 접하는 것에 흥미를 느끼지 못한다. 동영상에서 보여주는 자극적인 흥미는 교구를 가지고 노는 것 보다 훨씬 재미있기 때문이다.

그나마 식당에서 보여주는 영상은 부모가 함께 하고 있고 어떤 영상을 보고 있는지 알 수 있으므로 다행이라 할 수 있다. 집안일을 하거나 바쁠 때 아이들에게 동영상을 보여주는 것은 더 무분별한 영상을 접하는 지름길이 될 수밖에 없다. 영상 시청 후 알고리즘에 연결된 새로운 영상에 대한 재미와 궁금증으로 또 보게 되고 정서상 맞지 않은 영상을 보게 될 수 있고 시청이 반복될수록 중독이 될 가능성이 농후하다. 더 자극적이고 흥미로운 것을 찾지 못하고 스마트폰만 집착하게 되고 만다.

무분별한 동영상 시청은 시력 저하와 정서 불안정과 같은 부정적 결과를 초래한다. 오늘날 스마트폰의 확산으로 후천적 자폐 아동이 증가하고 아이의 행동에서 현실과 가상을 구분하지 못하는 사례가 발생하기도 한다. 물론 생활과 교육에 도움이 되는 좋은 동영상도 많다. 꼭 필요 하거나 평소 궁금했던 영상은 부모와 함께 시청하도록 하고 후에는 본 동영상을 통해 어떤 점을 깨달았는지 이야기를 나누고 동영상을 본다는 것에 주안점을 두지 않고 유익하고 의미 있는 시간이 되도록 해 주는 것이 좋다. 단순히 시간을 보내기 위해서나 아이를 통제하기 위해 스마트폰을 보여주는 행위는 중독으로 가는 지름길임을 알아야 할 것이다.

# 17. 언어 습관의 중요성

어린 시절의 습관 형성은 삶의 여러 방면에 영향을 미친다. 이러한 습관 형성은 타고나는 부분도 있지만, 교육이나 환경에 의해 변화될 수 있으니 부모로서 본보기가 될 수 있도록 좋은 언행을 행하는 것이 우선이다. 특히 아이들은 뜻을 제대로 모르고 호기심에 부적절한 언어를 사용하는 경우가 많다. 어디선가 듣고 하는 말인데 특히 아이는 주 양육자의 언어 습관을 그대로 받아들인다는 점을 간과할 수 없다. 예를 들어 놀이터나 야외에서 욕이나 음담패설을 하는 아이를 종종 볼 수 있다. 듣는 이는 당연히 부모가 아이 앞에서 이러한 언어를 사용했다고 생각한다. 당연한 이치이다.

부모가 아이의 언어 습관에 가장 큰 영향을 미치지만, 선생님이나 조부모의 어투를 모방하기도 한다. 어른들은 아이들의 청사진이라는 점을 명심해야 한다. 어린 시절 형성된 언어 습관은 쉽게 고쳐지지 않는다. 언어는 생각과 성격에도 영향을 미친다. 긍정적인 언어를 사용하는 아이는 일상생활과 사고방식도 긍정적이다. 그러나 부정적인 언어를 계속 사용하는 이는 생각도 부정적일 수밖에 없다.

단순히 안 좋은 단어를 사용하는 것이 나쁘다는 인식에서 더 나아가 타인에게 불쾌감을 주는 언어는 삼가도록 해야 한다. 실제로 신문이나 뉴스를 통해 접하는 각종 사건, 사고들을 보면 상대에게 말 한마디로 감정의 선을 넘어 심각한 사건으로 이어지는 경우가 많다. 하고 싶은 말이 있더라도 상대에게 피해를 주거나 상처가 되는 말인지 한 번쯤 생각해 보고 말을 하도록 하고 그것이 생활화 되어야 한다.

청소년기에 빈번히 일어나는 따돌림과 학교 폭력도 마찬가지다. 아이들은 언어폭력도 '폭력' 이라는 사실을 간과하고 있다. 말로 인한 마음의 상처는 오랫동안 남는다. 아이들이 수준 높은 단어구사력이나 국어 능력을 지니는 것 이상으로 말을 통한 의사전달 능력을 배양하도록 하고 상호소통, 배려와 존중이 담긴 언어 습관을 유아기에 형성되도록 해야 한다. 그러기 위해서는 부모는 아이들과 반드시 올바른 언어로 대화해야 할 것이다.

# 18. 범죄예방과 교육

　아이들은 어른들보다 범죄에 더 쉽게 노출되어있다. CCTV의 확산과 범죄수배의 과학화로 예전과 비교해 아이들을 대상으로 한 범죄가 많이 줄어들었지만, 법망이 촘촘하고 과학기술이 발달 되더라도 나쁜 이들이 있는 한 범죄는 일어나기 마련이다. 범죄는 예방만이 유일한 방법이므로 아이들에게 확실한 교육이 필요하다. 우선, 부모로서 아이를 혼자 두는 일이 없어야 한다. 혼자 있는 어린아이가 타깃이 될 가능성이 크다. 무리와 함께 있을 때 역시 이탈되지 않도록 주의 깊게 살펴보아야 한다.

　혼자 두어서 절대 안 되지만, 부득이 아이 혼자일 경우 낯선 사람에 대한 긴장과 경계를 항상 늦추지 않도록 하는 것이 중요하다. 범죄자는 범행 성공률이 높은 대상을 우선으로 삼기에 항상 조심하는 모습을 보여야만 한다. 낯선 사람이 도움을 요청할 때도 마찬가지다. 확실히 거절 하도록 교육 한다. 길을 물어보거나 도와 달라는 경우도 있고, 부모님과 아는 사람이라고 말하며 접근하기도 하기 때문이다. 이같이 위험한 사례를 반드시 아이에게 인지시키고 낮에만 사람이 많은 길로 다니도록 하고 어두워지면 통행을 금지한다.

오늘날은 곳곳에 CCTV가 설치되어 있으나, 아직도 사각지대가 많다. CCTV의 사각지대를 지날 때 차량 가까이 지나가는 일이 없도록 한다. 차량에서 갑자기 사람이 나와 범죄로 이어질 가능성이 크기 때문이다. 이는 비단 아이들에게만 해당하지 않는다. 성인도 끔찍한 묻지 마 범죄의 대상이 될 수 있다. 어린 시절에는 언제 어디서든 부모가 동행해야 하며 점차 성장할수록 범죄 예방에 대한 지속적인 교육으로 경각심을 일깨워야 할 것이다.

또한, 불특정 다수가 아닌 아이들끼리의 성추행 문제도 빈번하게 일어나고 있다. 남자아이일 경우 절대로 여자아이의 몸에 손을 대서는 안 된다는 교육을 해야 한다. 놀다 보면 모르고 그런 경우가 많은데, 아이들이 모르고 행하는 행동이 상대에게 불쾌감을 줄 수도 있고 몰랐다고 하더라도 죄가 없어지지 않는다는 것을 명심시켜줄 필요가 있다.

# 19. 교통안전교육

다수의 아이는 주위를 세심히 살피지 않고 뛰어다니곤 한다. 횡단보도에서 초록 불에 건넌다는 사실은 익히 알지만 즐거운 마음에 흥분 하거나 다른 곳에 집중하다 보면 이 사실을 간과하기 마련이다. 하물며 횡단보도가 없는 곳에서는 더욱 조심해야 할 것이다. 유아기의 아이들이 외출할 때는 항상 부모가 동행하여 손을 잡고 다니지만, 아이가 답답하다고 손을 뿌리치거나 순간적으로 손을 놓치기도 한다. 공교롭게도 이때 찻길로 급작스레 뛰어드는 아이도 있다.

부모로서 당혹스럽기 그지없다. 아이가 찰나의 시간에 뛰어든다면 운전자도 갑자기 멈추지 못하고 사고로 이어질 가능성이 크다. 교육기관과 가정에서 항상 교통안전 교육을 실시하지만, 아이들은 알고서도 올바르게 실천하기가 어렵다.

걸어 다닐 때 찻길 가까이 지나다니는 아이도 있다. 차가 가까이 지나가며 아슬아슬하게 사고를 면하지만, 아이에게 반드시 인도로 다닐 것을 명심시키고 차도와 가까이 가지 않도록 한다. 어린이 보호구역이 있다면 이곳으로 걸어 다니기를 권한다. 어린이 보호구역은 펜스가 있고 차량이 서행하는 곳이므로 사고가 날 위험이 적다. 좌우를 늘 살피고 조심하는 행동이 스스로 익숙해질 때까지 도로 가까이에서는 부모와 항상 손을 잡고 다니는 일을 습관화해야 한다.

차 안에서도 사고가 날 수 있다. 아이를 실수로 차에 두고 내린 경우, 아이가 차에 갇히는 사고가 발생한다. 이때는 클랙슨을 울리도록 지도한다. 차 안이 어두워 보이지 않거나 소리를 질러도 들리지 않을 수 있기 때문이다. 손힘이 부족하다면 엉덩이로 누르도록 알려줘서 비극을 면해야만 한다.

주차장에서도 마찬가지다. 기둥이 있어 잘 보이지 않거나 아이가 작아서 운전자에게 보이지 않는 사각지대가 존재한다. 차가 옆으로 돌며 사이드 미러에 아이가 보이지 않는 경우가 발생하거나 뒷좌석에 짐이 적재되어 있어 뒤에 있는 아이를 보지 못하고 후진하는 사례도 있다. 누차 주장하는바 차가 가까이 있는 곳에서는 항상 부모의 손을 잡고 다녀야 한다.

# 20. 서로 다름을 이해하기


아이들은 보편성에서 벗어나면 나와 다른 이상한 존재로 인식한다. 유아기는 인지적 사고가 단순하기 때문이다. 어느 날 아이를 놀이공원에 갔는데 무섭다고 하며 집으로 돌아가자고 한 적이 있다. 이유는 외국인을 만나고 두려움을 느꼈기 때문이다. 아이는 당장 두려움이 앞서지만, 외적으로 다르다고 하여 두려움의 존재가 될 수 없다는 것을 알려주어야 한다. 두려움을 극복하기 위해서 이들도 우리와 같은 사람이라는 것을 알려주고 서서히 접하도록 해야 한다.

비슷한 사례로 다문화 가정의 자녀가 교육기관에서 친구들이 잘 다가가지 않아 적응에 어려움을 겪는데 아직 다양성을 인정하는 사고가 형성되지 않아서이다. 유아교육 기관에서 다문화 관련 체험(인형극, 동화책, 세계 여러 나라에 대해 배우기 등)으로 아이들에게 함께 지구촌을 살아가는 일원으로 서로 차별받는 일이 없도록 하는 직접적인 경험 학습이 이루어지고 있다.

모습이 다를 뿐, 모두 한국 사회를 구성하는 구성원으로서 서로 다름을 인정하고 자신과 다른 부분에 대해서도 올바른 방향으로 설명 해주는 것이 중요하다. 세계는 다양한 문화가 존재하며 자문화 중심주의가 아닌 다른 문화도 인정하고 존중해 줄 수 있는 열린 사고가 함양되도록 지도해야 한다.

비단 외적으로 다른 이들뿐만 아니다. 편부, 편모, 혹은 조부모 가정일 경우 왜 그러한지 궁금해 하거나 놀림의 대상이 되기도 한다. 예를 들어 아버지(어머니)가 안 계신 아이에게 "너는 왜 아버지(어머니)가 안 계시니?"라고 물어보거나 이야기를 꺼내는 것조차 이들에게 큰 상처가 된다. 훗날 아이가 자라서 스스로 슬픔을 극복할 수 있다면 괜찮겠지만 아직 어린아이들은 세상이 무너지는 듯한 상처일 수 있다.

물론, 상대의 슬픈 가정사를 모르는 것이 가장 좋지만, 아이가 알게 되었을 때 이는 묻어 둘 수 있다면 묻어두는 것이 좋은 일이다. 아이가 궁금해 하더라도 상대는 그 점이 아픔이므로 이때 부모의 역할은 아이가 타인에게 상처 되는 말과 행동을 하지 않도록 주의시키도록 하는 것이다.

# Ⅱ. 사회생활

# 1. 사회성발달

　일반적으로 사회성이 발달 된 아이는 밝고 사교적인 아이라고 생각한다. 그래서 부모들은 새로운 친구에게 먼저 말을 걸어보게 하거나 인사를 크게 하도록 가르친다. 물론 이 같은 방법은 사회성에 중요한 교육이다. 여기에 우선되어야 할 점은 타인의 감정을 이해하고 공감하는 태도를 길러주는 것이다. 밝고 활동적인 아이도 있지만, 소극적인 아이도 있다. 조용하고 소극적이라고 하여 사회성이 발달이 뒤처지는 것은 아니다. 배려심과 공감 능력이 있다면 성격의 차이는 문제가 되지 않는다.

　일반적으로 유아기 아이들은 자기중심적인 성향을 지닌다. 보편적으로 그렇지만 그 가운데서도 친구나 타인을 이해하려는 성향이 더 강한 사례도 있고, 또래에 비교해 더욱 자기중심적 성향이 강한 아이도 존재한다. 이 시기 아이의 기본 발달 과정을 이해하며 자신의 아이를 바라보면 사회성의 정도를 알 수 있다. 사회성을 기르기 위해 또래보다 나이가 많은 아이들과 어울려 놀게 하는 부모들도 종종 있다. 그러나 아이는 부모의 기대와 달리 자신과 비슷한 고만고만한 친구들과 어울리게 된다.

부모는 또래나 더 어린아이들과 놀면 배울 점이 없다고 생각한다. 그러나 진정한 사회성은 지신보다 어린아이들과 함께할 때 더욱 발현된다. 보듬어주고 챙겨주어야 할 대상이 생기기 때문이다. 따라서 나이가 많은 아이들과 어울리게 하기보다 여러 연령대의 아이들을 겪게 하며 때로는 상처를 받고 시행착오를 겪으며 아이들은 내면적으로 성숙해져 간다. 비슷한 성향의 또래와 어울리는 것 역시 행해지는 놀이에 더 흥미를 느끼고 우정을 돈독히 나누는 상대가 된다.

실상은 나이가 많은 아이와 놀게 되면 잘 놀아주지도 않을뿐더러 소외될 가능성도 있다. 상대가 아이보다 나이가 많지만, 그들 역시 아이이므로 놀이를 함께할 수 있는 대상을 찾게 된다. 놀이에서 방해가 된다 생각하면 겉돌거나 자신감을 상실할 수도 있다.

청소년기에 문제를 일으키는 아이의 부모들이 자주 하는 말이 있다. 자신의 아이는 매우 반듯하고 착실 했으나 친구를 잘

못 만났다고 하는 말이다. 부모가 보는 아이와 부모가 없는 곳에서 타인이 보는 아이의 모습은 다르다. 부모의 믿음으로 덧씌워진 긍정적인 아이의 모습이라는 시각도 있지만, 아이가 가정과 학교에서 다르게 행동하는 사례도 많다. 아이들은 비슷한 부류와 결국 어울리게 된다. 부모가 보지 못한 아이의 부정적인 면을 인정하고 싶지 않기도 할 것이다.

올바른 사회성을 가진 아이로 성장하게 하기 위해서는 아이와의 격 없는 꾸준한 대화를 통해 성향을 파악하고 부정적인 부분을 발견하면 그것을 고치고 올바른 방향으로 나아갈 수 있도록 세심한 관찰과 지도가 필요하다.

# 2. 언어발달과 발음

아이가 어리다고 해서 응석을 받아주며 유아적인 단어만 사용할 이유는 없다. 올바르게 발음할 수 있음에도 부모가 귀여워한다는 것을 알고 의도적으로 혀가 짧은 발음으로 말을 하는 아이도 있다. 유아기에 발음이 고착되면 고치기 어렵다. 조금씩 언어의 수준을 높이며 아이가 알아들을 수 있는 만큼의 단어로 대화를 하고 발음할 수 있는 한 정확한 발음으로 말을 해야 인지발달에 도움이 된다.

만약, 새로운 낱말의 의미를 모른다면 구체화해서 설명 하거나 문맥을 통해 알 수 있도록 해야 한다. 어린이를 위한 국어사전이나 현재 아이의 발달 상황보다 약간 수준 높은 책을 읽게 하는 것도 도움이 된다. 책에서는 문어체로서 다양한 단어가 등장하고 아이들은 책 속 이야기의 흐름을 생각하고 받아들이므로 모르던 단어도 대략 습득하게 되어 자연스럽게 어휘력이 늘어난다.

앞서 언급한바, 아이들의 특유한 귀여운 발음이 있다. 예를 들어 '했어요'를 '했쪄요'와 같이 발음하는 경우이다. 본래 혀에 힘이 없고 근육이 발달하지 않아서 그렇지만 계속 이같이 발음하게 되면 그 발음이 성인이 되어서도 못 고칠 수 있다. 일부러 그렇게 발음을 한다면 하지 못하도록 해야 하고, 언어 발달이 늘거나 발음에 문제가 있는 경우, 책을 천천히 읽는 연습을 통해서 발음을 교정해 주어야 한다.

부모가 2음절 정도 읽고 아이가 따라 읽는 방법으로 교정할 수 있다. 천천히 읽기가 숙달되면 더 속도를 내서 읽어 보고 발음이 정확하게 되는지 확인해야 한다. 여기까지 발음 연습을 하고 한글을 알게 된다면 모음과 자음을 따로 연습하고 긴 문장 읽기도 병행하면 효율적이다.

그러나 영유아 검진 및 병원에서 언어적 발달이 늦다고 판명된 경우는 가정에서 하는 발음 연습만으로 한계가 있다. 재활이나 언어 치료를 통해 교정하는 방법이 바람직하다. 발달센터에 다닌다는 사실에 마음이 불편할 수 있으나 치료는 초등학교 입학 전에 대부분 완료 되는 경우가 많다.

# 3. 도덕성 발달

발달심리학자 콜버그(Lawrence Kohlberg)는 피아제(Jean Piaget)의 이론을 발달시켜 도덕성의 발달 수중과 단계를 나누어 설명하고 있다. 우리는 흔히 도덕성을 타고나는 것으로 생각하지만, 이 이론으로 인해 외부적인 환경이나 교육으로 도덕성이 변화, 발달할 수 있다는 점에서 도덕성 교육에 큰 시사점을 주었다. 옳고 그름에 대한 판단능력은 유아기에 형성되어 성인이 되는 과정 중에 서서히 완성된다.

따라서 유아기 시절의 잘못된 행동은 어리다는 이유에서 사회적으로 용서가 되지만 성인이 되어서 같은 행동을 한다면 그에 상응하는 법과 규범에 따라 처벌 혹은 비난을 받게 된다. 예를 들어 유아기의 아이가 타인의 물건을 부순다면 부모가 그에 따른 보상은 해야겠지만 법적 처벌은 받지 않는다. 성인이 같은 행동을 한다면 기물파손 혐의가 적용되는 것이다.

그렇지만 나이가 어리다는 이유에서 비도덕적인 행동을 두고 볼 수만 수 없다. 유아기일수록 도덕성 교육을 더욱 공고히 할 필요가 있다. 어린 시절부터 서서히 쌓여온 경험은 성인이 되어 성격으로 굳어지고 발현되기 때문이다.

유아기 아동은 콜버그의 도덕성 이론에서 전 인습적 수준에 머무른다. 전 인습적 수준이란 자기중심적 도덕적 판단으로 사회적인 규범과 규칙을 이해하지 못하는 수준이다. 특히 4~7세 아동의 경우 전 인습적 수준 가운데 1단계인 처벌과 복종에 의한 도덕성 단계이다. 따라서 잘못된 행동을 하면 벌을 받는다는 인식이 지배적이기 때문에 벌을 받지 않기 위해 도덕적 관습을 따르는 연령대라 할 수 있다.

결과적으로 아이가 비도덕적인 행동이나 규범에 어긋날 때 잘못된 행동으로 인해 벌을 받을 수 있다는 것을 알게 하는 것이 좋다. 아이의 비도덕적 행동을 언어로 논리 정연히 이야기 해주는 방법도 있지만, 도덕적 규범이나 사회적 인습을 언어로 만은 받아들이기 어려운 시기이다. 따라서 도덕적으로 올바른 행동을 하면 칭찬을 받고 비도덕적 행동을 하면 벌을 받는다는 사실을 명확히 알려주는 방법이 좋다.

# 4. 낯가릴 때

소극적인 아이들은 특히 낯을 많이 가린다. 처음 보는 사람을 만나면 숨거나 평소와 다르게 가만히 있거나 심한 경우 울기도 한다. 새로움에 대한 두려움 때문이므로 자연스러운 현상이다. 다만 낯가림이 지속 되면 차후 사회생활에 있어서 불편함이 따르므로 낯가림을 완화해 줄 필요가 있다. 일단 부모와 함께 있을 때 부모는 든든한 아이의 지지자가 되어 아이에게 부모와 함께하는 시간만큼은 편하게 보내도록 한다.

낯가림은 일종의 성격과도 연관이 있어 쉽게 바뀌지 않는다. 조급한 마음을 버리고 시간을 두고 기다리는 것이 좋다. 새로운 상황에 맞닿을 때 아이가 긴장하더라도 부모는 당황하지 않는 의연한 태도를 보인다. 그러면 아이는 긴장하거나 겁낼 문제가 아니라는 것을 인식하고 점차 굳건해진다. 아이가 가정에서 늘 익숙한 장난감이나 애착 인형 등을 가지고 가는 것도 좋다. 가정에서 가지고 놀던 장난감은 아이에게 익숙함과 같은 심리적 안정감을 준다.

장기적으로 낯을 가리는 성향의 아이는 외부 활동을 다양하게 접하고 새로운 경험을 만들어 가는 것이 중요하다. 외부와 단절된 경우, 새로움에 부적응을 겪으며 더욱 사회와 담을 쌓게 된다. 그러한 결과를 미리 방지하기 위해 서서히 변화를 주는 것도 도움이 된다. 아이에게 낯가림이 심하다는 비난을 삼가야 한다. 부모는 아이가 답답하겠지만 낯을 가리는 아이일수록 부모가 '세상의 전부'라고 인식한다.

즐거운 마음으로 새로운 곳을 여행하는 것도 효과적이다. 처음 여행을 한 날 밤에 아이가 자면서 울기도 할 것이다. 그러나 반복될수록 적응 가능한 힘을 기르고 그곳에서 처음 만난 사람들, 일상에서 보지 못했던 다양한 사물, 자연 환경, 인공물 등을 경험한다. 여행에서 상상하지 못했던 여러 가지를 경험할 수 있다. 그 가운데 일상과 비슷한 보편성도 찾아가며 새로운 환경이란 두려움의 대상이 아닌 호기심을 갖고 탐구할 즐거운 곳이기도 하다는 것을 일깨워 준다.

# 5. 아이의 폭력성

친구와 싸울 때 때리거나 맞는 경우가 생긴다. 때리고 올 때 문제가 되어 피해자의 부모로부터 연락이 올 것이다. 우선 피해자의 마음이 풀리도록 최대한 충분한 사과를 해야 한다. 그리고 근본적으로 부모는 아이와 스스로 돌아봐야 한다. 아이들의 다툼에서도 폭력이 존재해서는 안 된다. 어릴 때부터 반드시 인지시켜 주어야 할 부분이다.

자체적으로 공격적인 성향의 아이이거나 혹은 아이에게 체벌을 가하며 양육하는 경우 아이 스스로 타인을 때려도 된다고 인지하기도 한다. 체벌은 아이의 부정적인 행동을 고치는 가장 쉬운 방법으로 생각하는 부모가 많다. 그러나 아이의 폭력성이 가중될 뿐 아니라 성장 후에도 원망과 비난을 받게 된다. 무엇보다 맞고 자란 아이는 타인에게도 폭력을 가하기 쉽다. 그렇기에 먼저 부모의 양육 방법을 되짚어 보아야 한다. 4~7세의 아이에게 체벌은 지양한다. 부모의 양육방식이 아이에게 전달되어 타인에 대한 폭력으로 전도되기 때문이다.

아이가 답답하거나 말을 듣지 않더라도 폭력은 절대적으로 삼가야 한다. 직접 때리지 않더라도 부모의 위협적인 행동은 아이에게 커다란 트라우마로 남게 된다. 아이가 잘못할 경우 단호히 이야기를 해주고 그 상황에서 벗어났을 때 비로소 부드러운 언어로 아이에게 잘못된 점을 이야기해 주어야 한다. 그렇다면 부모가 화가 나서 즉흥적으로 언사를 높이는 것이 아닌 스스로가 이성적으로 잘못해서 그렇다는 것을 알게 되고 폭력성도 점차 줄어들게 될 것이다.

공격적인 아이의 경우 화를 참지 못해 폭력으로 이어지는 경우가 있다. 아이에게 폭력은 행해서는 안 된다고 단호히 말하고 시간이 경과 후 무엇이 그렇게 화가 나는지, 친구를 때리게 된 원인을 물어보고 화가 난 아이의 마음을 충분히 공감해 준다. 부모로서 공감해 주는 것만으로도 아이의 공격성은 현저히 줄어들고 자신이 행한 폭력적인 행동에 대해 반성을 하게 된다. 아이의 폭력적인 행동을 보고 먼저 꾸짖기부터 하는 부모가 많은데, 공감 후에 잘못을 일깨워 주어도 늦지 않다.

# 6. 친구에게 맞을 때

아이들을 키우다 보면 서로 싸울 때가 있다. 친구를 때리고 오는 경우가 있는가 하면, 맞고 오는 아이도 있다. 일반적으로 영유아기 아이들이 심하게 싸우기 전 부모 혹은 선생님의 개입으로 폭력적인 상황까지 잘 가지 않는다. 작은 다툼일 경우 부모끼리 대면하여 해결하려 하지 말고 선생님께 말씀 드리는 것이 좋다. 아이의 싸움이 어른의 싸움으로 번질 수 있기 때문이다.

그러나 폭력이 일어날 정도의 다툼이라면 때린 아이의 부모도 반드시 사실을 알아야 한다. 아이들의 잘잘못을 떠나 폭력을 행하는 것은 용납할 수 없는 일이다. 아이들의 세계는 우리가 생각하는 것 이상 동물과도 같은 본능의 약육강식이 존재한다. 따라서 단 한 번이라도 맞게 되면 계속 맞고 올 가능성이 있다. 한 번이라도 맞지 않는 것이 중요하다.

맞았다는 사실을 자존심상 가정에 알리지 않는 아이도 있다. 차후에 부모가 물어보면 때린 아이가 멋있어서, 가정에 알리면 친구 하지 않겠는 등의 대답을 한다. 아이는 프라이버시가 있지만, 폭력이 행해졌을 시 반드시 부모나 선생님께 사실 관계를 알리도록 한다. 아이가 맞았다는 사실을 알게 되면 비난하지 않는다. 말을 함으로써 자신의 든든한 지원군이 생겼다는 느낌이 들도록 아이의 편에서 마음의 상처가 되지 않도록 부모로서 다독여 주어야 할 것이다.

멋있는 친구라 하더라도, 친구하지 않겠다는 말을 하더라도 스스로가 피해가 있다면 할 말을 해야 한다는 인식을 심어주어야 한다. 아이가 자라서 청소년이 되어서도 마찬가지이다. 일정한 무리가 있다면 어느 한 명은 괴롭힘의 대상이 된다. 명확한 이유는 없다. 그러나 자신을 보호할 줄 아는 아이라면 적어도 괴롭힘의 대상이 되지 않는다. 문제가 일어났을 시, 도움을 요청하고, 맞고 난 뒤 가만히 있지 않는다는 모습을 보여야 한다.

아이가 맞았을 때 사실 관계를 파악하고 가해자와 잘 화해하는 것이 이상적인 방법이나 예방적 방법은 될 수 없다. 따라서 먼저 때리지만 않는다면 맞았을 때, 똑같이 때리라고 하는 수밖에 없다. 그 방법이 교육적이지 않으나 앞으로 맞고 오지 않을 가장 현실적인 방법이다.

# 7. 비속어를 남발할 때

어디에서 배운지도 모를 비속어와 음담패설을 남발하는 아이들이 있다. 어른들도 낯이 뜨거워질 정도이다. 무분별한 인터넷 동영상이나 나이가 많은 아이들이 무심코 하는 비속어를 그대로 따라 하는 경우도 많다. 부모의 언어 습관을 따라 하는 아이들도 있다. 부모 역시 어린 시절 형성된 언어 습관이 하루아침에 고쳐지지 않는다. 하지만 아이들이 본인의 저속한 언어 습관을 따라 하기를 바라는 부모는 없다. 평상시 언어 습관이 좋지 않은 부모라 할지라도 아이들 앞에서는 절제할 필요가 있다.

부모교육을 하다 보면 올바른 자질을 이미 함양한 이들이 교육을 들으러 오는 경우가 많다. 강사는 훌륭한 자질의 부모만을 보고 오늘날 부모의 양육 태도가 많이 좋아졌다고 생각 하지만 이미 자질이 훌륭한 부모들은 부모 교육과 같은 교육을 듣고 아이들에게 관심을 쏟지만, 부모로서 자질이 부족한 이들은 이러한 교육조차 들으려 하지 않는다. 따라서 자질을 갖춘 부모는 더 좋은 자질을 갖추게 되고 자질이 부족한 이들은 더 부족해지는 현상이 발생한다.

실제로 비속어를 남발하는 부모에게 언어 습관을 고치지 못하겠다면 아이 앞에서만은 절제 하라는 이야기를 한 적이 있다. 그러나 이 부모는 아이 앞에서만 어떻게 가식적으로 그렇게 할 수 있느냐고 반문했다. 부모로서 본인의 언어 습관을 고치고 싶다면 가식적이냐 아니냐가 중요한 문제가 아니다. 아이에게 올바른 본보기가 되는 것이 더욱 중요하다.

언어 습관은 생각과 행동을 지배한다. 저속한 언어 습관을 지니고서 어떻게 올바른 생각과 판단을 할 것인가. 각종 미디어나 무분별한 동영상에서 듣거나 뜻과 의미를 모르거나 재미로 하는 경우가 많다. 비속어를 말하며 무슨 뜻인지 부모에게 물어보는 아이도 있다. "그것은 화가 난다." 혹은 "짜증이 난다."라는 뜻을 나쁘게 표현한 것이라고 알려주고 아이에게 너는 하지 말라고 가르쳐 준다.

비속어가 남발하는 동영상 시청을 자제하고 어린이 모드로 설정해 준다. 비속어가 나쁜 의미의 언어라는 것을 명확히 인지시켜 준다면 충분히 고칠 여지가 있다.

# 8. 친구 사이 문제

아이와 자려고 누웠는데, 아이가 "엄마, 내일 어린이집 가?"라고 묻는다. '왜?'라고 답을 하니, 가기 싫단다. 이유는 친구들이 자기를 때린다고 했다. 아침에 되니 현실이 되었다. 가지 않겠다고 떼를 쓴다. 울며불며 소리를 질렀다. 출근은 해야 하는데 자칫 연차를 쓸 상황이다. 오늘은 어떻게 해보겠지만 내일은 어쩔 것인가? 하는 수 없이 우는 애를 데리고 어린이집 앞까지 갔더니 울며 들어가지 않겠다고 또 떼를 쓴다.

당황해하는 선생님께 안기다시피 했는데 참 난감했다. 표정으로 선생님이 묻기에 귓속말로 친구들이 때린다고 했다. 솔직히 내 아이도 때릴 것이니 맞을 밖에 없는 것도 사실이다. 선생님과는 나중에 통화 하자고 하고 아이를 보냈다. 아이가 가기 싫다 해도 가야하고, 친구들과 어울려 고난도 역경도 헤쳐 나가는 일임은 틀림없다.

어린 아이지만, 어린이집을 안 다닐 수도 없는 상황이다. '결자해지(結者解之)'라는 매듭을 묶은 자가 풀어야 한다는 뜻의 사자성어가 있다. 어떻게든 스스로 해결해 나가도록 인도해 주어야 할 것이다. 형제가 있는 친구들은 양보도 있고, 때리거나 맞는 소위 "맷집"이 있는데 외동아이는 장난감도 혼자 가지고 노는 것에 익숙하니 나눠 가지기보다 고집을 부릴 수밖에 없었을 것이라는 추측을 해보았다. 그래서 다투게 되고 때리고 맞는 경우가 있었을 것이다. 선생님과 상담해 보니 짐작이 맞았다.

그래서 자기 전에 여러 상황을 얘기해 준다. 그러면 아이는 처음에는 자신의 편을 들어주지 않는다고 생각 하지만, 차츰 상황을 받아들이며 이야기를 가만히 들어준다. 이 상황에서 부모들은 자녀의 유아 교육기관에 대한 일관성 있는 지도와 아이와 선생님에 대한 신뢰가 중요하다.

선생님을 신뢰하지 않고, 무슨 일이 생길 때마다(아이들끼리 다투다 얼굴에 상처 난 일, 자기와 안 놀아 준다는 이야기 등) 아이의 말만 듣고 선생님에게 항의 하는 것은 현명하지 못하다. 아이의 이야기, 어머니의 생각, 선생님이 본 상황들을 잘 생각해서 파악하고 넓은 안목을 상황을 살피는 것이 중요하다.

# 9. 유치원(어린이집)을 가지 않으려 할 때

누구에게나 분주한 아침 시간, 아이가 어린이집이나 유치원에 가지 않으려 하면 참으로 난감하다. 직장에 다니는 양육자는 더욱 어찌할 바를 모른다. 여러 이유가 있겠지만 보편적인 원인은 크게 두 가지로 나뉜다. 집이 너무 편안하고 자유로워 유치원의 규칙적인 생활이 싫어서이다. 다른 이유로는 유아교육 기관 내 문제나 좋지 않은 경험을 할 경우이다.

첫 번째 이유는 내부적인 이유로서 가정 내에서도 유아교육 기관과 같이 어느 정도 획일화된 생활을 하도록 해야 한다. 스스로 손을 씻거나 주어진 시간 내 학습을 할 수 있도록 하고 일과가 끝나면 비로소 자유로이 쉬게 해야 한다. 집은 휴식의 공간이기도 하지만 많은 자유가 주어지기 때문이다. 자유를 많이 허가 할수록 편안함에 익숙해져 획일화 된 규율이 있는 곳에 더욱 가기 싫어질 것이다. 가정에서도 손 씻기, 스스로 학습하기, 식사 예절 지키기 등을 교육기관과 연계해 비슷한 교육 환경을 제공해 주어야 한다.

두 번째 외부적인 이유로 선생님이나 친구들과의 문제, 교육기관 내부적인 문제를 알아보고 문제점을 즉시 해결해야 할 것이다. 선생님이나 친구들의 폭력, 폭언 등이 이유가 될 수도 있다. 이 경우 교육기관을 옮기는 것이 좋다. 특히 사회성이 형성되고 자아가 발달하는 시기인 만큼 심각한 일이 발생하지 않는 것이 중요하다.

친구들과 다툼은 없는지 선생님께 혼나거나 꾸중을 듣는 일이 없었는지 확인해야 한다. 이 경우 스스로 해결해 나가도록 한다. 사소한 이유로 가지 않겠다고 하는 것을 부모가 다 받아줄 필요가 없다. 그렇게 된다면 훗날 작은 어려움에도 그만두고자 하는 습관이 생겨 버린다. 선생님이 합당한 이유로 아이에게 꾸짖었더라도 시기적으로 자기중심성이 강하므로 자신의 잘못을 인정하지 않고 유치원(어린이집)에 가지 않으려 할 수 있다. 부모는 객관적인 시각으로 아이의 잘못된 점을 일깨워 주고 선생님이 네가 미워서 그러는 것이 아니라 더 좋은 아이로 성장하기를 바라는 마음에서라고 이야기해 주어야 한다.

# 10. 괴물이 나오는 만화 볼 때
# 옆에 있어 달라고 할 때

TV를 보며 좋아하는 만화는 재미는 있지만, 무서운 괴물이 등장 하거나 무서운 장면이 나오면 아이는 옆에 있어 달라고 한다. 설거지, 빨래, 청소 등으로 엄마는 집안 일이 많은데 같이 앉아 있을 수만 없다. 그나마 만화라도 보고 있는 시간에 방을 닦거나 일을 하지 않으면 엄마가 논다고 생각하는 아이는 업히기까지 해서 어깨가 빠질 듯 아프다.

엄마와 잠시라도 떨어지고 싶지 않고 함께 놀고 싶은 아이를 이해 하지만, 집안일을 하다 보면 여유가 없다. 여러 사람이 하는 일을 두 손으로 동시에 해야 한다. 세탁기에 빨래를 돌리며 설거지를 하며 음식을 만들면서 식재료를 정리하거나 다듬기도 한다. 집안일을 하며 다음에 할 일을 생각하게 되니 머리도 복잡하고 정신이 없다.

아이는 무서운 장면이 나오면 잠시 숨어서 쉬었다가 다시 뛰어가서 보기도 하고, 설거지하는 엄마의 옷자락을 당기기고 하고, 무섭다고 칭얼거리기도 한다. 그런 모습이 한없이 귀엽다. 한편, 어른도 무서운 영화를 손이나 옷자락을 가리면서 계속 보는데 다음 이야기가 궁금하기도 하고 또 보고 싶은 아이의 마음을 잘 안다. 아이는 바쁜 엄마를 이해하는지 혼자 이불을 쓰고 보는 방법을 터득했다.

시간이 있을 때는 함께 앉아서 보는 경우가 많았는데, 계속 부모가 함께할 수는 없다. 되도록 무서운 악마나 나쁜 사람의 이야기는 내용에 필요한 등장인물이라고 설명 해주고, 악당을 물리치는 정의로운 사람이 꼭 나타나 이긴다는 것을 암시해 주었다. 그랬더니 아이도 선(善)과 악(惡) 중에는 선함이 승리한다는 사실을 이해했다. 착한 사람이 악당을 물리치는 것을 알고 혼자 보기 시작한 것이다.

아이에게 이야기 결말을 이야기해 주지 않더라도 마지막에는 선함과 정의로움이 더 나은 사회로 나아가는 원동력이 된다는 것을 만화를 통해서라도 터득해 나가는 삶의 지혜로움을 배우기 바란다.

# 11. 같은 캐릭터의 옷만 입을 때

　어린아이들이 좋아할 만한 만화 캐릭터 옷을 선물 받은 적 있다. 처음부터 아이가 좋아한 캐릭터는 아니었다. 오래된 만화 영화에 나오는 것이기에 아이가 본 적이 없다. 이윽고 명절이 되어 특별히 방영하는 만화에 해당 캐릭터가 나오자 상기된 얼굴로 그 옷을 꺼내 달라고 한다. 꺼내주니 입혀 달라고 하여 입혀 주었고 열심히 시청했다. 그 날부터다. 아이는 만화 시청 후 캐릭터가 마음에 들었는지 그 옷을 줄곧 입기 시작했다.

　또 저녁에 입고 잔 옷을 아침에는 어린이집까지 입고 가겠다고 했다. 어린이집에서 꼭 입어야 한다고 막무가내로 떼쓰기에 여분의 옷을 가방에 넣어두고, 입혀서 보냈다. 그것을 입고 갔더니, 한 친구가 그 만화의 다른 캐릭터의 옷을 입고 와서 둘은 매우 친한 사이가 되었다. 집에 와서 그 친구 이야기를 매일 한다. 아이와 친구는 경쟁이라도 하듯 밤·낮으로 등원 복으로 입고 갔다. 여러 번 입혀 땀에 젖은 옷이니 또 다시 입힐 수 없어 아이가 목욕하는 사이 재빨리 세탁하고 드라이기에 말리거나 바람에 널어 두거나 탈수해서 아이의 욕구를 충족시켰다.

하나를 더 사면 번갈아 가며 입힐 수 있다고 생각해서 다른 모양의 옷을 샀더니 새 옷은 전혀 마음에 없고, 오직 그 파란색만 입겠다고 했다. 그것이 몇 달간 이어졌다. 놀이터에 만난 학부모에게 물어보니, 그들도 그랬다고 한다. 마음에 드는 옷을 찢어지도록 많이 입었다고 하며, 아이가 찾지 않는 즈음 숨겨두었다가 나중에 버렸다고 했다. 그 심정에 크게 공감했다.

집착하는 것은 좋지 않지만, 적당히 욕구를 충족시켜 주지 못하면 나중에는 다른 불만으로 표출될 수 있다. 성인이 되어 아이들이 가지고 노는 장난감을 가지고 노는 이들이 있다. 어린 시절 가지고 놀고 싶었던 장난감을 만족스럽게 가지고 놀지 못해 차후 성인이 되어 뒤늦게 욕구에 부응하는 것이다. 계속된 집착은 고쳐야겠지만 한 번쯤은 아이가 심취한 대상에 원 없이 열정을 쏟을 수 있도록 해 주는 것이 좋다.

# 12. 선생님을 무서워할 때

아이가 갑자기 어린이집 앞에서 등원하지 않겠다고 자지러지게 운적이 있다. 아침에 일어나서 가방도 들고 신발도 신고 잘 나서기에 생각지도 못한 일이었다. 선생님이 현관문을 열고 반갑게 맞았다. 4세 반 선생님이었다. 아이가 우니, 선생님도 당황했다. 부모는 무슨 일이 있었나 하는 생각부터 들고 선생님은 나쁜 일이 있었을 것으로 짐작하는 학부모의 모습과 우는 아이의 모습에 난감해 했다.

어린이집을 보내지 않고 계속 데리고 있을 수 없으니, 일단 보내야 했다. 엄마와 떨어져 적응하는 기간이라 아이가 울더라도 보내라는 얘기를 익히 들었고, 다른 이유를 생각 한다면 친구 문제나 선생님의 문제로 일이다. 불미스러운 일이 있었다면 만나서 오해를 풀어야 할 것 같았다. 그러나 나 또한 학창 시절 학교 가기 싫었던 적도 있었고, 무엇보다 선생님을 믿었기 때문에 우는 아이를 맡겼다. 그렇게 여러 생각을 하니 온종일 심란했다.

반나절을 하염없이 생각에 잠기다가 긴 기간 동안 어린이집을 운영한 지인이 생각나서 물었다. 아이는 3세지만 4세반 선생님을 보고 운다고 했더니 담임이 아니더라도 무서워할 수 있다고 했다. 어린이집에서 4세가 유독 에너지에 넘쳐 혼날 일이 있는데 큰 목소리로 혼내는 장면을 목격 했다면 어린 마음에 그 선생님을 무서워할 가능성이 있다고 한다. 그럴 수 있겠다 싶어 마음이 한시름 놓였다.

그 선생님은 아침마다 맞아줄 때 아이와 부모에게 예의 바르게 인사하며, 좋은 선생님이었다. 선생님의 성향과 인품, 그 선생님이 담당하는 반을 생각하니 충분히 이해가 되었다. 무엇보다 어린이집의 상황을 알고 나니 아이의 마음을 이해할 수 있었다. 집으로 와서 아이가 알아들을 수 있도록 상황들을 둘러서 이야기해 주었다.

선생님께서도 잘 이야기해 주어, 하원 하는 동안 아이의 낯빛은 무척이나 밝았다. 이렇듯 처음 경험하는 아이의 일상의 문제들을 혼자 고민하지 말고 동료 학부모나 선생님, 지인, 가족에게 물어보는 열린 마음도 필요하다.

# 13. 하원 시, 문구점에 가자고 할 때

 

하원 시, 놀이터 문구점, 약국은 아이에게 필수적으로 들러야 할 재미있는 곳이다. 특히 엄마, 아빠 손을 잡고 끌고 가는 곳은 문구점이다. 온갖 장난감과 놀잇감 등이 즐비하게 깔려 있다. 아이는 이것 잡았다 저것 잡았다가 비교 분석해 보다가 평소 TV에서 보았거나, 친구가 가진 것, 아니면 새로운 것을 발견했을 때 호기심 가득한 얼굴로 고민 없이 다 가지고 싶어 한다. 사고 싶은 장난감을 한가득 손에 잡고 계산할 때까지 놓을 생각이 없다. 부모는 아이가 맘껏 고르도록 기다린다.

쇼핑하는 재미도 있고, 알록달록한 색상의 새로운 장난감을 보는 재미도 있다. 아이가 어느 정도 고른 후 한 모퉁이로 가서 펼친다. 일명 이상형 월드컵처럼 이것과 저것을 비교해 보고, 아이가 사지 않을 만한 물건을 물어 보고 제외한 뒤 선택하게 한다. 이렇게 불필요한 장난감을 제외 한다. 최종 3개 정도 남았을 때 3개 모두 사줄 경우도 있지만, 예전에 산 것을 또 살 경우, 못 사도록 하고 자기가 꼭 하고 싶은 것을 선택하도록 한다.

모두 사고 싶어서 떼를 쓰고 울기도 하는데 그럴수록 단호히 다음에 사자고 한다. 떼를 쓸 때 아이가 원하는 대로 해주면 원하는 것을 이루고자 할 때마다 더욱 떼를 쓰는 아이가 된다. 아이들은 흔쾌히 필요한 장난감만 사기도 하고, 누워 떼를 쓰기도 한다.

어느 날, 떼를 쓰는 아이를 못 이기는 척 장난감을 사준 적이 있다. 그 날은 너무 힘이 들어 자식 이기는 부모가 어디 있느냐는 체념을 했다. 하지만 시간이 흐른 후, 그 물건을 사 와서 엄마의 말처럼 별 재미가 없고, 아이는 곧 시시함을 느꼈다. 엄마의 선택이 옳다는 것을 깨달은 아이는 이후 말을 듣고 물건을 생각해 보고 선택하거나 결정을 하게 되었다.

아이가 장난감을 사달라고 떼를 쓰면 사주지 않는 것이 원칙이지만 한 번쯤 아이의 선택에 따라 사주고 아이 스스로 불필요한 물건을 값비싼 금액을 내고 샀다는 것을 알게 해 줄 필요가 있다. 부모가 떼를 써도 사주지 않는 이유를 스스로 받아들일 수 있기 때문이다.

# 14. 낯선 친구와 놀이터에서 놀 때

　놀이터는 신나는 곳이다. 그네와 미끄럼틀, 시소는 아이들의 신체를 들뜨게 한다. 그네를 보면 뛰어가고, 미끄럼틀을 보면 '슝' 타고 싶고, 시소에는 얼른 앉아 본다. 놀이터는 몸이 본능적으로 반응하는 공간이다. 놀이터에 있는 모든 아이는 학년, 나이를 떠나 이미 친구이다. 낯선 아이들이 만나 자연스레 모래놀이, 숨바꼭질, 술래잡기 등을 한다. 놀다 지겨우면 다른 놀이를 하기 좋은 공간이다. 또래보다 나이가 많은 아이들이 하는 놀이를 보면서 딱지치기, 줄넘기, 인형 놀이, 모래성 쌓기, 모래에 숨겨둔 물건 찾기 등 새로운 놀이를 알게 된다.

　평소 낯선 이를 경계 하지만 놀이터에서 만은 유독 마음의 빗장을 연다. 그래서 나쁜 사람들이 놀이터 주위를 돌며 틈을 노리는 경우가 있다. 그래서 엄마들은 늘 놀이터 주위에 머물며 아이를 지켜볼 수밖에 없다. 노느라 땀으로 흠뻑 젖은 아이는 아이스크림도 야무지게 베어 먹는다. 이마에 맺힌 땀을 닦고 놀아도 좋겠지만, 그대로 아이스크림을 한입 베어 먹고는 또 논다.

혹여 엄마가 아이스크림을 먹기라도 할까 싶어 절대로 먹지 말라고 당부는 잊지 않는다. 틈틈이 놀면서도 감시하듯 본다. 엄마를 확인 하는지 녹고 있는 아이스크림을 보는지는 모르겠다.

가정 어린이집에서는 4세가 되면 아파트 주거 공간을 중심으로 같은 놀이 공간 놀이터에서 놀았던 친구들 위주로 놀이를 하는 경우가 있다. 한 친구가 맘에 들지 않을 때 자기들만의 구별 짓기를 하기도 한다. 물론 선생님의 중간 조력자가 있어 소외되는 아이는 없지만, 아이가 왕따가 되지 않기 위해(장난감을 혼자 다 가지려고 하거나, 친구의 놀이를 방해하는 행동) 집에서 부모와 놀 때 어떻게 놀이를 구성하고 진행하는지 학습하고 배우도록 한다.

부모는 아이가 관계에 유연하고 타인과 잘 어울릴 수 있도록 상대를 배려하고 생각하는 마음을 지니도록 학습시켜야 한다. 또한, 아이들은 놀이터에서 사회성을 익힌다. 더 확장해 보자면 놀이터를 기점으로 어린이집, 유치원, 학교, 사회를 통해 인간의 성장기를 이어나간다고 해도 과언이 아니다.

# 15. 아이가 듣고 싶은 말

　3~4세의 경우 아이의 성향에 따라 다르지만, 여아들은 3~4명 소그룹으로 노는 것을 좋아한다. 반면, 남아들은 칼싸움과 같은 역동적인 놀이를 즐기거나 여러 친구와 뛰어다니며 노는 경향이 있다. 3세 무렵 친구와 함께 있더라도 혼자 인형이나 장난감을 가지고 노는 병행 놀이를 즐기지만 4세가 되면 삼삼오오 무리 지어 놀면서 협동, 친구와의 상호작용, 사교성을 배우는 놀이로 발전한다.

　마냥 사이좋게 놀면 이상적이겠지만, 좋아하는 장난감을 서로 가지고 놀기 위해 쟁탈전을 벌이기도 하며, 싸우고 그 와중에 때리기도 하며 미묘한 심리전이 오고 간다. 어린이집을 다녀온 아이는 친구랑 장난감 때문에 싸웠다고 한다. 장난감을 빼앗긴 날은 억울했는지 자다가도 벌떡 일어나 엉엉 울었다. 속상한 마음에 혼잣말도 한다. 또 장난감 때문에 선생님께 혼났을 때 자신의 잘못이 아니라며 계속 소리를 지르며 호소한다. 엄마가 마음을 알아주기를 바라는 의미였다. "그런 일이 있었다니 기분이 안 좋았겠구나!" 한 마디 해주니 아이는 속상한 마음이 금방 누그러졌다고 말한다. 아이를 공감하는 말은 사소하지만 큰 힘이 있다.

어느 날, 같은 반 남자아이가 책상에 올라가서 혼났다고, 그 행동을 똑같이 스무 번 이상 했다고 말한다. 엄마에게 무언가를 듣고 싶어 하는 눈치였다. 어른들은 아이에게 "책상에 올라가면 안 된다.", "다친다.", "위험하기에 다칠 수 있으니 선생님이 혼냈으니깐 앞으로도 선생님 말씀 잘 듣도록 해." 등 끊임없이 하지 말라는 것을 강조한다.

남자아이의 상황에 빗대 자신에게 "○○야, 너는 책상이 위험한 것을 알고 안 올라갔다니 대단하다.", "위험한 곳에 올라가면 안 된다고 했는데 정말 잘 기억하고 있었구나!"라는 말을 듣고 싶어 한 것이다. 아이의 속마음은 "엄마, 나는 위험한 책상 위에 올라가지 않았어요. 잘했지요?"이다. 위험한 행동을 하지 않았던 자신에게 칭찬해 달라는 마음이다. 칭찬보다 더 좋은 약효는 없으니 마음껏 해주도록 한다.

# 16. 시골 체험

    '아이는 아이를 좋아한다.'라는 말이 있다. 그들은 순식간에 친해지고, 영혼이 맑아서 서로에게 거리낌이 없다. 새로 전학이나 이사 온 아이에게도 계산적이지 않고, 순수하게 다가간다. 이 같은 점은 어른들과 사뭇 다르다.

    아이를 데리고 시골집에 놀러 갔다. 마침 옆집에서도 할머니 댁에 서울에서 놀러 손녀가 있어 그 아이와 함께 놀았다. 시골의 넓은 공간인 마당과 조부모가 밭일할 때 쓰는 호미와 캐다 놓은 감자와 고구마를 가지고 소꿉놀이도 하며 놀았다. 킥보드를 타고 놀기도 하고 술래잡기와 물놀이를 하니 어느덧 어둑어둑해진다. 시간 가는 줄 몰랐다.

    아이들은 너무 재미있었는지 더 늦게까지 놀겠다고 하고 급기야 집에 갈 때까지 더 놀겠다고 칭얼거린다. 즐거웠던 기억을 잊지 못한 아이는 다음 날도, 그 다음 날도 주말에도 놀러 가자고 떼쓴다. 옆집 할머니 댁 아이는 서울에서 내려온 경우라 만남이 쉽지 않지만, 그 한때를 기억하는지 잊을 만하면 그 언니 이야기를 꺼낸다.

나에게도 어린 시절 친구들과 시골에서 놀았던 기억이 주마등처럼 스친다. 외할머니가 쪄준 옥수수, 고구마, 감자를 맛있게 먹었던 기억은 지금도 힘들 때마다 생각이 난다. 아카시아가 우거진 시골길을 하염없이 걷던 기억, 친구들과 흙에다 그림을 그리거나 두꺼비 집을 만들던 기억, 어린 시절 즐거웠던 기억들은 한편의 서정적인 동화처럼 남아 있다. 유년기 아름다운 추억은 성인이 되어서도 살아가는 원동력이 된다. 형형색색 꾸며진 키즈카페가 아니더라도 아이들은 자연을 벗 삼아 특유의 즐거움을 느낄 수 있다.

캠핑이나 시골 경험을 통해서 자연의 생명력과 순수함을 느끼고 자연 속 놀이를 통해 건강함과 즐거움을 향유 할 수 있다. 그곳에서 만난 사람들과 정(情)과 인심을 배우기도 한다. 도심에서 볼 수 없는 직업인 농부를 통해 자연이 주는 수확과 결실의 과정을 이해하고 우리가 손쉽게 사 먹는 음식, 농산물이 농부의 피땀임을 몸소 느낄 수 있다.

# 17. 규칙성 이해

어린이집을 졸업하고, 유치원에 갔다. 유치원은 또래가 더 많고, 실내도 더 넓으며, 장난감도 더 많다. 놀 것이 많아진 아이는 이것저것 꺼내서 놀았다고 한다. 하지만, 장난감을 정리할 때 선생님이 "모두 제자리!", "자기가 꺼낸 장난감 치우기!"라고 말해 긴장했는지 쉽사리 유치원에 적응하지 못했다.

어린이집이나 가정에서 선생님과 엄마가 치워주는 혜택을 받다가 단체생활 속 규율이나 규칙에 당황했었는지 유치원에 가지 않겠다고 했다. 며칠 동안 집에 와서 정리에 대한 규칙과 많아진 친구들로 인한 유치원 생활에서의 규율을 꼭 지켜야 한다는 것을 가르쳐 주었다. 그러나 쉽지 않았다. 어린이집에서 많이 도와주었던 것을 기억하고는 유치원에서 그렇게 행동했다가 혼났던 모양이었다.

규칙과 규율에 대해 유치원에 입학하기 전부터 서서히 말해 줘야 한다. 유치원에 어린이집과 환경이 다르다. 규칙을 지킬 수 있는 나이가 되었고, 친구가 많아짐에 따라 규칙이 있어야 서로에게 피해가 가지 않고 모두가 원활한 생활을 할 수 있다. 그것이 규칙을 따라야 하는 이유이다. 예를 들어 규칙을 잘 따르는 친구가 있는가 하면, 규칙을 따르지 않고 독선적으로 행동하는 친구도 있을 것이다.

너도나도 규칙을 지키지 않는다면 공동체 생활이 엉망이 되고 만다. 규칙을 따르지 않는다면 사회생활의 의미가 없다. 더 나아가 규칙은 규범이자 법규가 된다. 훗날 아이의 사회생활을 위해 어린 시절 규칙에 따라 행동하는 것이 기본이며 자연스러운 습관으로 형성되어야 한다.

**규칙을 이해하기 위한 반복적 학습 및 예측하기** : 규칙을 익히기 위한 반복 학습과 규칙을 지키지 않았을 때 어떤 불편함을 겪는지 알아보기.

**역할 놀이** : 왜 정리정돈을 해야 하는지, 자기가 꺼낸 물건은 왜 다시 정리해야 하는지에 대한 역할 놀이.

이 같은 학습과 놀이를 통해 타인과 더불어 살아가고 있음을 인지시키고, 부모도 함께 관심을 가지는 세심함이 필요하다.

# 18. 다문화 자녀에 대한 이해

　오늘날 국제결혼의 증가로 다문화 가정 자녀가 많다. 결혼으로 형성된 다문화 가정은 우리 주위에 많이 볼 수 있으며, 그 자녀들도 아이들도 어린이집, 유치원. 학교에서 함께 공부한다. 이들 모두는 한국인으로서 성인이 되어 우리의 미래를 이끌고 갈 든든한 일원이다.

　하지만 아직도 다인종, 다문화에 대한 부정적 시선이 남아있다. 사회적 인식 더불어 한국 사회에 대한 부적응과 두려움으로 가정적 사회적 교육적 문제들이 발생한다. 대부분 한국어 발달 지체로 학업부진, 자신의 외모가 다르다는 점에 정체성의 혼란이 올 수 있다. 자존감의 상실과 열등감을 낳을 수도 있다. 한국 사회에서 취업이 어려워 경제적으로 빈곤해지기도 한다. 이러한 환경적 요소는 영양실조나 소외감, 수치심 등을 유발한다.

특히 외모나 피부색이 다르다는 이유로 다문화 가정 자녀를 낯설게 느낄 수 있다. 또래들로부터 따돌림을 당하지 않도록 모두의 깊은 관심이 필요하며 이들이 소외되지 않게 주의 깊게 관찰해야 한다. 혹 다문화 가정 자녀가 또래와의 관계 형성이 어렵고 잘 어울려 놀지 못할 경우, 본인의 아이가 먼저 다가가 어울려 지내도록 하고 이들과 차이가 아닌 다름을 인정하는 태도를 심어 준다.

또한, 부모 중 엄마가 결혼 이주 여성일 경우, 외부와 소통이 적고 환경에 따라 아이와 함께 있는 시간이 많다. 엄마가 한국어에 서툴고 아이를 가르치기에 한계가 있어 아이도 말을 잘하지 못하거나 한글 학습에 어려움이 있다. 반면 한국어가 능숙한 경우라면 아이의 의사소통 및 생활에 문제가 없다. 다문화 가정의 장점을 살려 이중국어가 가능한 아이로 성장한다면 우리 사회에 기여하는 훌륭한 인재가 될 수 있다.

관심과 배려를 통해 그들을 바라보고 문화의 다양성을 인식하여 다문화에 긍정적인 태도를 지니도록 가르쳐야 한다. 그들과 함께 성장함으로써 부족함에 맞추기보다 함께해서 더 좋은 방향으로 나아가는 것에 초점을 두는 것이 바람직하다.

# 19. 절약과 경제 교육

유아들이 돈(현금 혹은 카드)에 대한 관념은 물물교환의 수단, 금액의 지불, 큰 액수와 작은 액수 비교하기 등 대부분 여기까지 정도 알고 있을 것이다. 그러나 돈을 벌기 위해서 어떠한 노력과 과정을 거치는지 구체적으로 알지 못한다.

예를 들어 아이가 장난감을 갖고 싶어 한다면 꼭 필요한 것이라면 사주겠지만 필요치 않다면 순간의 흥미로 장난감을 살 이유가 없다. 아이들은 돈이 계속 생겨나는 것으로 인식하므로 현금, 혹은 카드로 금액을 지불 하고 장난감을 사면 그만이라고 여기지만 돈의 가치와 속성, 돈을 벌기 한 다양한 방법, 직업을 갖기 위한 노력, 그리고 노후에 돈을 다 써버리거나 적절한 노후 대책이 없을 때 어떤 부정적 상황을 맞이하는가에 대해 구체적으로 알아야 한다.

아이들에게는 돈을 열심히 모아 훗날 안정적인 삶을 이어간다는 설명을 추상적이고 어렵다. '개미와 배짱이' 이야기를 돈에 대입해서 들려주는 것도 좋다. 구체화 된 등장인물을 통해 열심히 일하고 돈을 모으면 훗날 편하게 살 수 있지만, 일하지 않고(돈을 모으거나 벌지 않고) 즐거움을 위해 돈을 다 써버리면 훗날 힘든 상황을 맞이하게 됨을 일깨워 준다.

순간적이고 즉흥적인 가치에 의미를 두는 아이일 경우 위의 이야기가 통하지 않는다. 장난감을 사고 싶은데 돈이 없어서 사 줄 수 없다고 하는 것도 장난감을 사지 않는 일시적 방법이 될 수 있으나 아이의 자신감 상실을 초래하는 결과로 이어진다. 필요하지 않은 장난감이라고 하거나 비슷한 장난감이 집에 있다고 설명해주는 편이 좋다. 차후 이해력이 발달 되면 알려줄 수 있기 때문이다.

어린 시절 올바른 경제 교육이 이루어지지 않으면 성인이 되어서도 경제관념이 제대로 형성되지 않는다. 정당한 일을 하고 돈을 벌 수 있다는 것을 일깨워 주어야 한다. 예를 들어 책을 정리정돈 하거나 현관을 청소하는 등 아이가 할 수 있는 일을 제공하고 그에 따른 용돈을 주는 방법도 있다. 유년기부터 반드시 경제관념과 습관을 형성할 수 있도록 지도하는 방법이다.

# 20. 장난을 심하게 칠 때

'장난을 심하게 치는 아이가 문제가 될까?'라고 생각할 수 있 겠지만 상대방이 장난으로 받아들일 수 없고 불쾌하다고 생각 된다면 이것은 장난에서 그치는 문제가 아니다. 이 시기의 아이 들은 자기중심적 사고를 지니므로 타인에 대한 이해가 부족하 다. 반대로 본인의 장난이 친구들에게 좋게 받아들여질지 스스 로가 알아야 한다.

말로 설명하는 것도 좋은 방법이지만 이해하기 어렵다면 거 울 치료 기법을 활용해 자신의 행동을 그대로 하는 모습을 보여 주고 객관적으로 직시할 수 있도록 해야 한다. 그렇다면 스스로 가 얼마나 심한 장난을 쳤는지, 그로 인해 친구들이 불쾌했다는 것을 알게 된다.

활발한 아이만 장난을 친다고 생각하지만, 내성적인 아이들도 장난을 친다. 처음에는 친구 관계에서 소극적이다가 친해지면 선을 넘어버리는 장난을 치기도 한다. 유치원이나 어린이집에서의 심한 장난은 단체 생활과 면학 분위기 조성에 방해가 된다. 장난이나 타인에게 피해가 되는 행동을 하지 않도록 지속적으로 말해주도록 한다.

각 기관에서 장난이 심한 경우 연락이 오게 되는데 부모는 이를 상당히 불쾌하게 생각하는 경우가 많다. 같은 이치로 커피숍이나 식당에서 떠들거나 장난치는 아이들도 있다. 이곳에서 조용히 해 달라는 이야기를 들으면 알겠다고 하며 조용히 시키는 부모가 있지만 확대 해석하여 아이에 대한 비난과 조롱으로 받아들이는 부모도 있다. 따라서 조용히 해 달라는 말을 받아들이지 못하고 그곳에서 싸우거나 화를 내는 부모도 있다.

부모는 객관적으로 자녀를 바라보아야 한다. 당장은 장난을 치는 문제로 연락이 오니 속상하고 불쾌할 수 있지만, 이는 장난이라는 단점을 고쳐 더 훌륭한 아이로 발돋움할 기회이기 때문이다. 유년기에 심한 장난을 내버려 둔다면 자라서 걷잡을 수 없이 장난이 심해진다. 차라리 어린이집과 유치원에서 함께 협조해 심한 장난을 고칠 수 있다면 가정에서 부모가 홀로 알려주는 것 보다 효율적인 방법이다.

# Ⅲ. 놀이 교육

# 1. 색채 교육

물감을 통해 색칠 활동을 좋아한다. 처음에는 크레파스, 색연필, 색 펜을 사줬다. 3세~4세 때에는 색채와 손으로 하는 놀이가 소근육과 미적 발달에 도움이 되었으면 좋겠고 또 엄마가 색에 대한 감각이 부족한 편이라 아이 만큼은 색감이 있었으면 하는 바람도 있었다. 문구점에 가서 그림을 그릴 수 있는 재료를 마음껏 사주었다.

어린 시절, 학교 준비물로 가져가야 할 그림 재료가 넉넉하지 않아 많은 색상의 크레파스를 가지고 싶었는데 그렇지 못했다. 친구 것을 빌려 써야 하니 미안한 마음에 생뚱맞은 색을 칠한 적도 있었다. 물감은 그나마 색을 덧칠하거나, 섞어 다른 색을 만들 수 있어 적은 색으로도 활용 가능했다. 아직도 그 시절을 생각하면 눈시울이 맺혀 아이에게만은 채색 재료를 다양하게 사주는 편이다.

어느 날 아이에게 사준 물감은 하나의 붓으로 온갖 색을 쿡 찍다 보니 다 섞여 어두운색이 되고 말았다. 물감으로 색깔 섞기에 심취하여 집중했는데 원하는 노란색이 되지 않는다면 짜증을 부린다. 그림책에는 한 가지 색으로 그림에 덧칠한다. 책이 훼손되는 것을 달가워하지 않는 부모도 있겠지만 그림책 활용의 한 방법이기에 잘했다고 칭찬해 준다. 이렇듯 차츰 경험이 쌓이니 따로 알려주지 않아도 물감 뚜껑도 열어 팔레트에 짜서 쓸 줄 알게 되고, 물통에 붓을 씻기도 한다.

자신이 그림을 색칠하고 싶을 때마다 자유로이 물감 놀이를 하기에 입었던 옷마다 온통 물감이 묻어있다. 색채 활동을 자유로이 할 수 있도록 하려면 깨끗하고 예쁜 옷은 포기해야 한다. 오늘은 손바닥과 발바닥에 물감을 묻혀 스케치북에 찍는다. 그 것을 보며 신기해한다. 발바닥에 물감이 묻은 채로 거실을 돌아다닌다. 바닥은 닦는다고 하지만, 급기야 이불까지 도망가는 날에는 멈칫하게 된다.

학창시절 미술 시간에 먼셀 색상환을 외우던 기억이 있다. 아이는 이를 외우지 않았지만, 물감을 섞어 색을 만드는 방법을 경험을 통해 즐겁게 터득했다.

# 2. 학예회 역할이 마음에 안 들 때

유치원, 학교에서 하는 음악회나 연극에서 누구나가 주인공을 하고 싶다. 어릴 적에는 얼굴이 예쁘거나 옷을 잘 입고, 머리가 긴 친구가 하는 경우가 많았다. 주인공답게 조연보다는 두드러지게 예뻐야 눈에 잘 띄고, 연극을 못 하더라도 관객들이 그 자체의 모습을 보고 넋을 잃어 자연스럽게 넘어갔다.

그런데 TV에서 큰 나무 옆의 나뭇잎이라는 역할을 하게 되었다고, 우는 아이가 있었다. 아이의 상황을 이해한 어머니는 "나무에서 떨어져 가을이 알려주는 나뭇잎의 역할이 얼마나 중요한지 아니?" 하며 역할의 중요성에 대해 자세히 설명했다.

그때 깨달은 바가 크다. 나 또한 어린이집 학예회에서 내 아이가 가운데에 섰는지 저 너머의 뒤에 섰는지부터 본다. 앞에서

선다는 것은 제법 율동을 따라 하는 것이고, 뒤에 있으면 평소에 장난을 치거나 율동을 따라 하지 못하거나 잘하지 못해서 그렇구나 하는 생각부터 든다. 유치원 발표회에 갔는데 속상해서 앓아누운 부모도 있다. 아이가 학회에 온 엄마를 보고 율동을 하지 않고 가만히 서 있었다는 것이다. 그래서 집에 와서 물어보니 엄마가 있어 부끄러워서 하지 못했단다.

당시에는 웃고 넘겼지만, 막상 내 아이가 그랬다면 나 역시 속상했을 것이다. 그러한 이야기도 들은 바 있어 연예인이 될 것도 아니고, 더 넓게 생각해 보면 성인 된 후에는 그것이 아무것도 아니라는 생각이 들었다. 사람들과 함께 어울려 소시민으로 살아가는 삶이 더 중요함을 알기 때문이다. 당시에는 그것이 전부인 양 갖가지 생각이 드는데 시간이 지나면 넓고, 깊게 아무것도 아닌 일이 많다.

그래서 아이가 음악회의 저편에 서 있어도, 노래를 흥얼거리느라 율동을 하지 않아도 좋다. 유독 잘하는 아이가 있지만 그 아이는 춤과 노래를 잘하면 연예인을 하면 될 것이고, 다소 부산스럽지만, 음악에 심취한 아이는 음악 일을 하면 되는 것일 것이다. 그러니 주인공 역할에 의미를 부여하지 말고, 아이의 존재 자체만으로도 인정하고 잘하는 것에 아낌없는 지원을 하고, 못하는 것은 잘하도록 물길만 열어주면 될 것이다.

# 3. 이유 있는 코디

아이가 양말을 짝짝이 신겨 달라고 한다. 그것도 한쪽은 분홍, 다른 한쪽은 파란색을 신는다. 처음에는 왜 그런지 몰랐다. 친구들 사이에 도드라져 보이려고만 하는 줄만 알았다. 아침에 굳이 양말 문제로 아이를 울려 보낼 필요성을 느끼지 않아 신겨 달라는 대로 해주었다. 아이는 기분 좋게 잘 다녔다. 나중에 물어보니 "파란색은 아빠, 핑크는 엄마."라고 했다. 어린이집에 가서도 "엄마, 아빠를 생각하는구나." 했다.

하원 시에 원장 선생님이 물었다. 상황을 설명했더니 깜짝 놀라 했다. 양말 한 짝에 그 깊은 뜻이 있는 줄 몰랐단다. 아이는 어른들이 이해하지도 상상하지 못한 기발한 마음이다.

아이는 부모와 분리되는 것에 두려워한다. 아기 때부터 함께 있었는데 친구와 선생님과 노는 것에 익숙해지려면 시간이 필요하다. 그래서 어린이집이나 유치원에 가지 않으려는 경우도 있는데 그때 좋아하는 장난감이나 인형 혹은 낯선 어린이집에 있을 때 안정감을 느낄 수 있는 것을 가방에 넣어주는 것도 방법이다. 집에 있는 물건이 함께 있다거나, 엄마, 아빠, 아이에게 익숙한 물건이 있다면 안정감을 느끼기 때문이다.

아이들은 어른이 생각하지 못한 기상천외한 옷차림을 하는 사례가 있다. 과일을 감싸는 포장재를 모자처럼 쓰거나 명절이 아님에도 한복을 입고 나가겠다고 한다. 아이를 길러보지 않은 경우, 엉뚱하게 보일 수 있으나 육아를 하다 보면 한 번씩 봉착하는 사례이다.

부모는 그러한 아이의 행동을 처음에는 이해하지 못하고 외부의 시선을 부끄럽게 생각하겠지만 아이의 내면적 이유를 알게 된다면 수긍하고 받아들일 수 있을 것이다. 공주처럼 보이고 싶은 마음에 한복을 입기도 하고 멋있어 보이기를 바라며 과일 포장재를 머리에 쓰기도 하는 것이다.

계절에 맞지 않아서, 타인의 시선이 부담스러워서 등의 이유로 아이가 원하는 옷차림을 하지 못하게 한다면 오히려 표현 욕구를 억누를 수 있다. 언젠가 엉뚱하게 코디한 아이를 본다면 미소를 지으며 아이의 어린 시절을 그리워할 날이 올 것이다.

# 4. 개방적 놀잇감 사용법

유아들은 놀잇감이나 낯선 타자에게 대한 경계가 없다. 또래가 놀이터에서 놀고 있으면 그들과 함께 그들의 장난감을 자연스럽게 함께 가지고 논다. 그것이 나뭇가지, 나뭇잎, 숟가락이라도 누군가와 함께 한다는 것이 즐겁다. 특히나 또래가 모래 놀이를 하고 있다면 뛰어가서 옆에 앉아 있곤 한다.

개방적 놀잇감이란 한 가지 용도가 아닌 다양한 방법으로 놀이할 수 있는 것을 의미한다. 자연에서 얻은 흔한 나뭇가지가 젓가락이 되기도 하고 연필이 되어 놀이에 사용된다. 개방적 놀잇감을 사용하는 아이들은 창의력이 무궁무진하다.

아이들의 놀라운 창의력에 어른들은 '애들은 애를 좋아한다. 우리 같이 할머니들은 안 좋아해.'라고 한다. 이미 생각이 고착

된 어른들은 하나의 놀잇감을 한 가지 용도로 사용하는 것이 익숙하게 느껴지기 때문이다. 따라서 아이들은 또래나 친구들이 있을 때 서로 자유로운 놀이 방법을 공감하고 공유하는 것이다. 어른들도 마음이 통하는 친구들을 만나면 가만히 있어도 위로가 되는 것처럼 말이다.

따라서 아이는 어디에서 뛰어놀아도 무슨 장난감을 가지고 놀아도 여러 각도로 생각하고 받아들이고 활용할 수 있기에 놀이가 재미있다. 아이는 자신의 행동에 따라 자신이 처한 상황을 생각하며, 나름대로 상대방의 입장을 배려하고 양보 하고자 노력을 한다. 놀이를 통해 배려심과 이해심을 배우는 것이다. 발달 단계에 따라 스스로 바른 생각을 하고, 어떠한 행동이 옳고, 그른지, 다른지를 찾아내서 자신감을 가지고 적극적으로 놀이에 참여하고자 한다.

유아들에게 자유롭고 충분한 놀이시간을 주면 놀이에 대한 몰입과 자기 주도적 놀이할 수 있다. 놀잇감은 교실이나 집에서 자유롭게 놀이하는 실내 놀이에만 국한된 것이 아니라, 실외에서도 자유 선택 활동을 할 수 있다. 놀이에서 일정한 방법과 규칙을 가지고 순서를 지키며 또래와 놀이를 하고, 놀잇감을 통해 고정관념을 탈피하며, 상상력과 창의적 방법으로 연산이나 언어 활동, 미술 활동으로 이어지는 놀이와 연계된 교육도 좋다.

# 5. 부끄러움이 많은 아이

새로운 사람을 만나면 항상 엄마 뒤에 숨는다. 부끄러워 어쩔 줄 몰라 한다. 배가 고프니 밥은 엄마에게 안겨 한 숟갈 입에 넣고, 얼굴을 다시 엄마 가슴에 파묻곤 한다. 이렇게 부끄러움이 많으니 용돈을 줄 때도 부끄러워 받지 못한다. 부끄러움에 울기까지 한 적도 있다. 부끄러움이 없는 아이는 호기롭게 용돈을 받아 엄마에게 주거나 호주머니에 넣을 때면 주는 측에서도 뿌듯하다. 아이는 그러지 못하니 용돈을 받으면서도 서로 민망할 때가 있다. 아이에게 부끄러워하지 말라고 한다. 그 자리에서 말을 했더니 잘 알아듣지 못하기에 집에 와서 조용히 안고 알려준다.

좋은 방법은 아이와 잘 때 낮에 있었던 상황을 이야기하는 것이다. 그러면 아이는 듣기 싫은 이야기와 하기 싫은 이야기, 자신이 부끄러워했던 이야기는 하지도 말라고 손이나 발로 차기도 한다. 부끄러움의 표출이다. 그러다가 잠잠해지면 살짝 짧게 한다. 처음에는 "우리 ○○가 부끄러웠구나?"하며 공감해 준다. 그러면 아이는 "응"이라고 대답한다. 그리고는 "부끄러워할 것 없어, 할아버지께서 연필도 사고, 책도 사라고 주신 거잖아.", "다음에 엄마랑 그 돈으로 문구점에 가서 크레파스나 물감을 사자."라고 하면 아이는 기뻐하며 안긴다. 물건을 살 수 있다는 돈의 쓰임을 알고, 자신이 필요한 것을 사는 상상을 하니 기분이 좋다.

부끄러움은 타고난 성향이 크지만, 부모는 답답하다. 가정 내에서는 부모 앞에서 할 말을 잘하고 적극적인 모습을 보이지만 외부에서는 부끄러워서 말도 못 하는 모습이 보인다. 부끄러움이 많은 아이는 다툼에서도 불리하다. 상대방이 소리를 치면 함께 소리를 쳐야 대등한 싸움이 형성되는데 이마저 부끄러워서 못 하겠다고 한다. 자녀는 부모의 거울이다. 나 역시 부끄러움이 많고 소극적이다. 그러나 아이는 부모와 함께 상호작용하는 과정에서 성격이 형성되고 변화될 수 있다. 아이가 항상 당당할 수 있도록 긍정적 피드백을 주고 점차 부끄러움을 완화할 수 있도록 해야 한다.

# 6. 문구점에서의 교육


하원과 동시에 문구점으로 간다. 입구부터 즐비하게 깔린 색색의 사탕과 지점토, 젤리 등은 소비를 자극할 만한 것이 많다. 아이는 신중한 구매를 위해 첫발을 쉽게 들이지 않다가도 입구부터 차근차근 자세히 보기 시작한다. 초입에 쇼핑이 시작된 것이다. 아무리 안에 들어가서 다른 것도 보자고 해도 언니, 오빠들이 들어올 입구를 막고 있다고 평계를 대고 그러면 저쪽으로 가지고 해도 들어설 기미가 없다. 부모는 아이가 많은 물건을 구경하고 결과적으로 합리적인 쇼핑을 하기 원한다.

겨우 한쪽으로 자리를 옮겨 자세히 보도록 한다. 아이와 올 때마다 엄마도 신기하다. 재밌다. 어린 시절 쫄쫄이 뽀빠이, 달고나, 호떡 등을 사 먹을 때가 생각나고, 색색의 빨대형 가루약도 왜 그렇게 맛있었는지 잠시 회상해 보곤 한다. 요즘은 어른들의 감성을 자극하기 위해 옛 과자와 학용품을 인터넷에도 팔기도 한다. 아이에게 엄마가 어릴 때 먹었던 과자라는 이야기를 해 주었더니 흥미로워하며 관심을 가진다. 하루는 친구 집에 들렀는데 옛 과자인 불량식품을 먹고 있기에 어디서 났느냐고 물어보니 한 번씩 먹고 싶어 문구점에서 샀다고 한다. 친구는 웃는 나보다 더 동심에 젖어 살고 있다.

아이에게 문구점에 비치된 물건들의 쓰임새나 독특한 디자인 등 이것저것 설명해주고 주로 먹을 것이나 가지고 놀 만한 것을 추천해 준다. 아이는 눈으로만 보고, 사지 않는 것은 상상할 수 없다. 스스로 여러 가지를 고르게 한 후, 바구니에 담는다. 그리고 만족스러운 쇼핑을 했다고 느낄 때쯤 하나씩 선택하게 한다. 두 개 선택한 아이는 아쉬운 듯 놓지만, 나중에 생각나면 꼭 그것을 사러 가자고 한다.

아이도 고를 때는 단순히 좋아서 사지만, 구매가 반복될수록 필요성을 인지하고 제법 자기가 어떤 것을 사야 하는지 알게 된다. 그래서 정말 갖고 싶은 것은 바구니에 2개 정도 담게 하고, 나머지는 분류해서 고르게 한다. 사지 않는 물건들은 제자리에 갖다 놓는 연습도 시킨다. 결과적으로 아이도 부모도 만족스러운 쇼핑이 된다.

# 7. 실외놀이 활동

　유아의 발달에서는 실외놀이는 실내에서 얻지 못하는 신체 활동과 창의력, 자유로움 등을 느낄 수 있다. 실외에서 집단 놀이와 신체단련을 함으로써 건강함을 얻고 우정을 경험하게 된다. 남아들은 대부분 술래잡기, 총싸움 등과 같이 활발한 놀이를 한다. 놀이터 주변을 마음껏 뛰기도 하고, 시끄럽게 소리를 지르기도 하고, 신선한 공기를 마시며, 공간의 제약을 받지 않고 마음껏 놀기도 한다.

　여아들은 주로 주변의 꽃과 나무를 유심히 관찰하고, 고양이나 새에게 먹이를 주기도 하고, 개미나 지렁이 같은 곤충에 대해 호기심을 가지고 관찰할 수 있는 직접적 경험을 학습한다. 여름에는 물을 공급하여 물총 놀이를 하기도 하고, 대야에 물을 받거나 물뿌리개로 꽃에 물을 주며 놀기도 한다.

실외놀이 기구로는 미끄럼틀, 그네, 시소, 흔들 목마, 늑목, 구름사다리 등이 있으며, 발달에 따라 다소 위험하기도 하지만 안전한 환경에서 올라가고 내려오도록 한다. 아이가 위험하다 싶으면 도전하지 못하도록 하고 다칠 가능성이 없다면 도전하게 해서 신체적 균형 감각과 성취감을 맛보도록 한다. 운동 신경이 발달 되면 자신감을 가지게 된다.

서너 살 정도의 아이는 그네를 스스로 탈 수 있을 정도의 운동능력이 발달 되지 않았을 수 있으며, 그네에 올려주고 서서히 밀어주어 익숙한 놀이임을 인지시켜야 한다. 떨어지지 않도록 안전에도 유념해야 한다. 일본 출장 시 놀이터를 유심히 본 적 있다. 그네가 한국과 다른 점은 다리를 넣고 앉는 구조이며 안전벨트를 착용 하게끔 되어있었다. 그네에서 떨어지기도 하니 한국에도 도입이 되었으면 좋겠다고 생각한 적 있었다. 그만큼 실외놀이에서 안전이 중요하다. 그네는 여아들이 매우 좋아하는 기구이다. 그러나 초등 고학년 이후부터 흥미롭지 않은 놀이가 될 수 있다.

이렇듯 아이들은 발달 단계에 따라 좋아하는 놀이가 다르다. 여러 놀이기구를 접해보고 성향과 발달 단계에 맞고 즐거움과 성취감을 주는 놀이 혹은 기구를 추천해 주는 것이 필요하다.

# 8. 동물(반려견) 키우기

동·식물 키우기는 정서적 안정감을 주고 불안감과 스트레스 지수를 낮춰준다. 동물들은 자신을 좋아 해주는 주인을 따른다. 의기소침해 있거나 소외 되어 있어 마음 붙일 곳이 없는 아이에게도 동물은 사랑과 지지를 해 준다. 건강하고 행복한 삶은 사람 사이에서도 있지만, 지속적인 동물과의 교감과 신체 활동을 함께 한다면 행복함을 느낄 수 있다. 그 이유는 동물이 기대한 만큼 행동하고 더 많은 신체 놀이를 하면서 소극적인 아이도 즐거워 할 것이며, 애착 형성도 자연스럽게 된다.

반려견일 경우 가족처럼 함께 하는 오늘날, 가까이 상호작용을 하면서 동물을 사랑하는 마음을 기를 수 있다. 또 산책 시에는 반려견을 키우는 다른 사람과 자연스럽게 친구가 되기도 하고, 서로 어떻게 키우는지에 대한 정보를 교환하고 대화를 나눈다. 자연스럽게 친분을 쌓을 수도 있으며, 반려견을 통한 여가 생활도 함께 할 수 있어 사회성 함양에도 좋다.

개와 고양이 등의 포유류를 기르기 어려운 상황이라면 물고기를 키워보는 것도 아이에게 도움이 된다. 물고기는 비용이 많이 들지 않고 비교적 수고로움도 적다. 작은 어항을 마련해 물고기를 넣어주고 아이에게 사료를 주게 하거나 자라는 모습을 관찰하도록 한다. 어항에 물을 갈아줄 때 적정한 온도를 맞춰주어야 하며 수돗물을 하루 이상 두었다고 해 주어야 한다는 것도 알려준다. 작은 생명체라도 기르는 방법이 있다는 것을 알게 해 준다. 시간이 서서히 지나면 아이는 애착을 느끼고 이름을 붙여주고 인사를 하기도 한다.

하지만, 동물이 환경적 요건이 맞지 않거나 나이가 들어 이별할 때도 있다. 함께 지낸 시간만큼이나 정이 들었기 때문에 헤어짐을 받아들이고 극복하기란 아이에게 쉽지 않을 것이다. 실제로 반려동물을 떠나보내고 우울증을 겪는 이들도 많다. 만남과 이별이 인간 사이에만 있는 것이 아닌 인간과 동물 사이에도 형성됨을 인지시키고, 아직 헤어짐을 받아들이기 어려운 나이지만 아이와 슬픔을 함께 나누고 위로해 줘서 서서히 극복하도록 해야 한다.

# 9. 직장 맘의 육아 고충

오랫동안 육아에 전념하다가 재취업으로 직장에 다니게 되는 경우, 직장 맘의 고충은 크다. 현실적으로는 아이가 성장할수록 식비와 교육비, 생활비가 점점 더 소요 되고 이에 따른 경제적 어려움과 지출을 예상해 보면, 여유로운 삶을 누리기 위해 일하지 않을 수가 없다. 맞벌이 부부의 증가는 저 출산 문제를 초래하고 사회·구조적 변화로 이어진다. 직장 맘들은 부재 시 혼자 있을 아이 걱정이 많다. 아이 걱정과 함께 시간적으로도 매우 촉박해 쉴 틈 없이 퇴근하는 동시에 아이를 하원 시킨다.

가장 일찍 등원해서 어린이집, 유치원에서 생활하지만, 먼저 하원 하는 친구들을 보며 얼마나 집으로 가고 싶었을까 하는 마음에 뭉클해진다. 하루는 '딩동' 소리에 엄마인 줄 알고 나갔더니, 친구의 엄마인 것을 알고 적잖게 실망한 적도 있다. 그 이야기를 들으니 엄마가 얼마나 보고 싶었고, 집에 가고 싶었을지 아이의 심정을 생각해 본다. 마음이 울컥한다.

출근하면 바쁜 업무로 인해 아이를 생각할 겨를이 없다. 잠시 점심시간이나 쉬는 시간 틈에 어린이집, 유치원에서 제공해 주는 통해 야외활동 사진과 아이의 일과를 볼 수 있다. 그것조차 바쁠 때는 잘 보지 못한다. 직장 맘들은 선생님을 믿고 맡길 수밖에 없다. 그리고 직장업무에 최선을 다한다. 일을 열심히 하지 않으면 아이 때문이라는 질책을 들을 수 있기에, 좋은 엄마가 되는 동시에 열심히 일하는 성실한 직장인이 되어야 한다.

맞벌이 부부는 각자의 생활이 바쁘다 보니 깊이 있는 대화를 나누기 어렵지만, 아이 양육이 주로 대화의 주제가 된다. 아이는 계속 커가기 때문에 올바른 성장과 발달을 위해 부모는 아이가 무슨 생각을 하는지, 어떤 것에 관심이 있는지 대화를 통해 알아가며, 일로 인한 스트레스로 부정적인 모습보다 긍정적인 양육 태도를 보여야 한다.

직장 맘이 걱정하고 미안해하는 부분은 아이에 손길이 부족한 점이다. 그러나 커리어를 쌓고 열심히 일하는 엄마를 존경하고 더 일찍 부모를 이해한다. 따라서 걱정보다 아이는 내면적 성장을 빨리 이루고 독립적이고 훌륭하게 자라게 된다.

# 10. 담임선생님과의 대화

　어린이집과 유치원에는 학부모 상담 기간이 있다. 선생님과는 편한 시간대를 정한 다음 방문 및 통화를 한다. 이곳에서의 일과, 친구 사이, 선생님과의 관계, 음식을 가리지 않고 잘 먹는지, 어떤 성향을 지니고 노는지에 대한 대화이다. 선생님은 부모가 무엇이 궁금해 하는지 잘 알고 있으며 먼저 설명 해주는 편이다. 오랫동안 아이들을 봐 왔고, 부모와 교류 경험도 많기 때문이다.

　선생님의 이야기를 듣고, 아이의 아침, 저녁의 일상을 말씀드리면 선생님은 집에서의 아이 행동과 생활 리듬을 파악한다. 아이에 대해 잘 몰랐던 것을 알게 되는 계기가 바로 상담이다. 또래 관계에서는 3세까지 혼자서 노는 것이 익숙한데, 4세부터는 협동 학습이 이루어진다. 서로 이야기를 나누기도 하고 시기와 질투를 하는 단계가 시작되어 사소한 문제로 다투기도 하고, 서로 지지 않으려는 욕심도 부린다. 본격적으로 친구를 의식하고, 함께 놀이하는 것에 내포된 사회성, 규칙과 규율을 배우고 협동심을 가지고, 함께 공부하는 방법을 익힌다.

친구와의 다툼이 일어날 경우, 상대방 부모에게 연락해 따지는 것은 금물이다. 선생님께 알려 사실 관계를 명확히 알아야 한다. 아이들의 다툼이 부모의 대화로 원만히 해결되면 좋겠지만 성향에 따라 더 큰 다툼이 일어나기도 하고 어른들의 사이가 나빠지기도 하며 아이들의 다툼이 제대로 해결되지 않는 경우가 많다. 선생님이 사실관계를 파악하고 잘못한 친구에게는 그렇게 하지 않도록 교육하고 서로 화해시키는 방법이 가장 좋다. 이 또한 선생님에 대한 부모의 믿음이 있어야 한다.

담임선생님은 원에서 이루어지는 아이의 학습지도 및 생활지도뿐만 아니라, 부모와의 대화에서 아이에 대한 문제점이나 특징 등을 객관적으로 말해주고 협조해주는 상담자로서 노력한다. 간혹 원에서 친구와의 다툼, 선생님과의 오해 등 좋지 않은 일이 생길 경우, 아이의 말만 믿고 선생님에게 전화해서 따지듯 문의하기보다 담임선생님의 인간적 인품과 전문적 자질에 믿음을 지니고 기다려주는 마음이 필요하다.

# 11. 엄마와 잘 때

아이와 밤에 잘 때는 꼭 이야기하는 시간을 가진다. 자기 싫어서 엄마와 더 시간을 보내고 싶은 마음에 스스로 잠을 깨워가며 이야기를 하는 것이다. 이야기를 많이 하면, 책을 읽어주는 시간이 줄어든다. 엄마는 아이가 잘 때 책을 읽어주는 일도 쉽지 않고, 피곤하니 일찍 재울 생각 밖에 들지 않는다. 아침에 늦게 일어날까 봐 걱정하며, 빨리 재우고 싶은데 아이는 엄마 마음과 같지 않다.

하루의 에너지를 완전히 소진해야만 잠자리에 눕는다. 이후에도 한참 동안 친구 이야기, 사고 싶은 장난감이 무엇인지, 놀러 가서 즐거웠던 경험 등을 끊임없이 말하며 잠자는 것을 조금이나마 늦추고자 한다. 한편으로는 엄마와 이야기 하는 유일한 시간이고, 이야기로 스트레스도 풀고, 엄마가 해주는 충고를 참고하여 친구들과의 갈등을 풀기도 하고 해야 할 행동과 하지 말아야 하는 행동을 마음에 되새기기도 한다.

대화의 유용함과 즐거움을 인지하고 더 많은 이야기를 하고 싶다고 한다. 주중에는 하원과 동시에 밤에 그리고 주말에는 종일 놀아줘야 하니 체력적으로 엄마는 몹시 힘들다. 조부모나 주위의 도움을 받을 수 없는 상황이라 아이를 돌보는 일은 고스란히 엄마의 몫이다. 하원 하고 아이와 저녁을 먹는 것부터 바쁘다. 때로는 엄마도 누워서 쉬고 싶고 커피를 마시며 여유롭게 있고 싶을 때가 있는데 쉴 틈이 없다.

어느 날은 아침에 어린이집을 가지 않겠다고 투정만 부리고 화만 내고 말을 해 주지 않는다. 조용한 밤이 되어 잠자리에 들고 그 이유를 물어보면 비로소 차분히 설명한다. 아이에게 이야기할 시간을 기다려주는 태도가 필요하다. 아이는 자연스레 엄마에게 고민과 해결되지 않는 친구와의 문제를 이야기 하며, 위로받고 문제점을 함께 모색하며 타인과의 갈등의 폭을 좁혀 나간다. 잠자기 전 불을 끄고, 엄마는 피곤 하지만, 아이의 이야기를 들어주기 위해 시간을 보내는 것이 중요하다. 밤이 깊어 고즈넉해졌을 때의 대화는 내면을 깊이 알 수 있고 아이를 한층 성장시킨다.

# 12. 은행과 빵집

　아이와 은행에 갔더니 은행 단말기에 가서 엄마 통장을 정리한다. 통장을 확인하고 이체를 시도한다. 어른들이 하는 행동을 따라 하는 것이다. 아이는 신기하다. 기계가 통장을 삼켰다가 뱉는다고 생각하고 기계를 누르니 소리가 나는 것도 재미있는 모양이다. 은행 업무를 보는 엄마에게 자기가 해보겠다고 한다. 방법을 가르쳐 주니 곧잘 하고 끝나면 아쉬움에 또 하고 싶다고 방방 뛴다. 기다는 사람이 있다고 그들의 기분이 어떨지 말해주고, 볼일이 끝났을 때는 빨리 비켜주어야 한다는 사실을 차분히 설명 하도록 한다. 그리고 다시 바쁜 발걸음을 움직인다.

　빵집에 가면 먹음직스럽게 부풀어진 빵을 이리저리 꾹꾹 눌러보고 싶은 마음이 생기는지 손으로 만져보려고 한다. 간혹,

빵을 만지는 아이를 보고도 가만히 있는 엄마도 있다. 이는 빵집과 다음 손님에게 모두 피해를 주는 행동이다. 아이가 빵을 만져도 두고 보는 엄마는 귀찮아서 일수도 있고 자신의 아이는 깨끗해서 괜찮다는 인식도 있다. 절대 그렇지 않다. 자신의 아이가 만진 빵은 먹을 수 있겠지만 다른 아이가 만진 빵을 적어도 맛있게 먹을 수 있겠는가? 객관적으로 생각하고 부모로서 빵을 만지는 행위는 말려야 한다. 이미 만진 빵은 다른 사람에게 판매할 수 없으므로 아이가 만진 빵은 사 가도록 한다. 판매되는 음식은 조심해야 한다. 아이에게 단호한 눈빛과 말투로 안된다고 한다. 먹고 싶은 것은 말을 하라고 한다.

빵을 고르노라면 아이는 이것저것 다 가리키며 달고 맛있어 보이는 것을 사달라고 손짓한다. 분명 집에 가면 맛이 없다며 입맛에 안 맞을 계피 빵까지 고른다. 그 당시에는 안 먹을 것이라고 타일러도 받아들이지 않는다. 이미 그 빵에 마음이 가 있기 때문이다. 어쩔 수 없이 경험해 보고 엄마의 말을 확인해 보라고 일단 사서 집에 와서 먹여본다. 그러면 엄마의 조언대로 아이는 그 빵이 입맛에 맞지 않는다는 것을 알고 다음에는 엄마의 말을 조금씩 믿는다. 포괄적으로 어떤 문제에 대해 아이가 원하는 것을 무조건 못하게 하기보다 직접적인 경험을 통해서 왜 부모가 반대 하는지에 대해 스스로 알아가는 것도 좋다.

# 13. 잠자리가 바뀌었다고 울 때

가족 여행을 갔다. 낮에는 낯선 곳에서 비교적 잘 놀았다. 새롭고 신기한 것을 이것저것 만지며 즐겁게 놀았다. 부모는 아이가 좋아하니 마냥 기분이 좋다. 이 기회에 자주 여행을 다니자고 약속까지 했다. 하지만 서서히 노을이 지고, 저녁을 먹고 난 후, 아이의 태도는 급작스레 돌변했다. 집에 가자고 한다. 하룻밤 자기로 논의된 일이고, 숙박시설에 예약을 해두었으며 모든 준비를 해서 마음먹고 온 휴가이다.

돌변한 아이의 마음에 당황스러웠다. 아이는 이제 잘 놀았으니 잠자리가 편한 집으로 가자는 것이다. 오랜만에 집을 벗어나 호젓하게 쉬려고 왔는데 뜻대로 되지 않는다. 아이는 울기 시작했고 잘 때 즈음이 되자 절정에 이르렀다. 숙박 시설이라는 낯선 곳의 이불과 베개를 싫어하고, 급기야 졸기까지 하면서도 잠을 끝내 자지 않는다. 그리고 업어 달라고 한다. 낯선 곳에서 잠을 자느니 엄마 등에 업혀서 잠을 보충하겠다는 것이다. 할 수 없이 업었다.

잠을 푹 재우기 위해 불을 끄려 했더니 그것은 절대 안 된다고 악을 쓰고 발버둥을 친다. 아이를 업고 조용하고 자세한 설명을 했다. 오늘은 집을 떠나 여행을 와서 자는 것이고, 내일 아침이면 오늘처럼 즐겁게 놀 수 있어서 괜찮아질 것이라고 안심시킨다. 도무지 믿지 않는 아이에게 오늘 재미있게 놀았던 곳을 또 가서 놀 수 있다고 약속했다. 잘 받아들이지 않았지만, 눈꺼풀이 내려와서 잠이 슬슬 오는지 업혀서 결국 자기 시작한다. 깊게 자는 틈을 타서 눕힌다.

때로는 일상에서 벗어나 지금껏 잘 다니지 않았던 친척 집이며, 가족 휴가와 같이 여행을 가기 전에는 아이의 동의를 구하는 것도 중요 하지만 밤이 되면 자야 할 곳을 미리 알려주고 이곳에서 잠을 잘 수 있는지 물어보는 것도 좋다. 호기롭게 잘 수 있다는 아이도 있지만, 여행을 가서 즐겁게 시간을 보내고 집에서 자야만 한다는 아이도 있다. 그렇다면 다시 집으로 하루 만에 돌아오기 너무 멀기 때문에 여행도 갈 수 없다는 상황을 미리 설명하고 시간을 두고 이해시켜야 한다.

# 14. 혼자 있는 훈련

외동의 경우, 어린이집에 보낼 때는 편하다. 아이가 두 명인 엄마의 아침 풍경은 큰 아이의 어린이집 등원에 작은 아이를 업고 가는 경우가 흔한 모습이다. 조부모나, 아이를 돌봐주는 사람이 있는 경우는 예외이지만 말이다. 추운 날에 어린 동생을 혼자 두고 갈 수 없기에 같이 나서야 하는 엄마의 힘듦은 말하지 않아도 안다. 외출복을 입혀야 하고, 추위에 행여 감기라도 들지 않을까 걱정이 이만저만 아니다.

그에 반해, 외동아이는 혼자 움직이니 엄마로서는 편하다. 하지만 어느 정도 성장하면, 형제가 있는 집이 부럽다. 형제나 자매는 둘이서 놀지만, 외동은 심심하기도 하고 같이 하는 인형놀이, 칼싸움에는 엄마나 아빠가 해줘야 하기에 힘들다. 아이들끼리 잠시 놀고 있으면 쉴 수라도 있는데 쉴 틈이 없다는 것은 답답하고 힘들다. 또한, 마트에 다녀올 때 혼자 있어 주면 좋겠지만, 혹여 걱정 되어 같이 나서게 된다. 형제, 자매가 있는 집에서는 같이 "조금 놀고 있어."라고 하면 되는데 외동은 혼자 오롯이 엄마만 기다리다 조금이라도 늦으면 울고불고 난리가 난다.

하루는 만화를 보라고 하면서, 아이가 먹고 싶은 식빵을 사러 갔다. 그 사이 택배 아저씨가 물건을 놔두었다고 현관문을 노크했는데 그 소리를 듣고 무서워서 크게 울고 있었다. 그래서 나서기 전에 미리 이야기 한다. 예컨대 빵을 사 올 테니 조금만 기다리라고, 그리고 엄마는 집의 비밀번호를 알고 문을 열고 들어오니 절대 문 열어주면 안 된다고 한다. 아이가 성장하니, 집 현관문 손잡이가 키에 닿는다. 어린이집 갈 때 문을 열고 나서기도 한다. 빵집에서 계산이 늦어지면, 발을 동동 구르게 되지만, 조금씩 연습하는 것이 필요하다.

초등학생인 경우, 미리 아이에게 말하고, 10분씩 혼자 있는 연습을 해두는 것도 하나의 방법이다. 물론 정확한 시간이 와야 신뢰가 쌓일 수 있다. 무엇보다 가스레인지 켜지 않기, 창문 열지 않기, 벨을 눌러도 문 열어주지 않기, 엄마와 약속 없이 이동하지 않기 등을 확실히 인지시켜야 한다.

# 15. 소유욕

문구점은 그 자체로도 놀이터이다. 노트와 연필부터 시작해서 갖가지 인형과 장난감이 즐비 해 있다. 자주 가는 문구점은 이층집 길모퉁이 있어 삼각형 모양의 가게이다. 그 가게는 동화 속 작은 연못을 연상케 하며 시냇물이 흐르듯 따라 들어갔다가 돌아서 나오는 미로 같은 구조이다. 좁은 공간이라 겹겹이 쌓아둔 장난감 상자가 아이의 호기심을 자극해 상자 꾸러미를 꺼내 보다 보면 생각지도 못한 재미있고 기상천외한 장난감이 나올 때가 있다. 이 경우, 쌓아둔 장난감 박스를 빼다가 물건들이 쏟아질 것을 주의해야 한다.

하나씩 꺼내 자세히 보다 보면 어른들도 갖고 싶을 정도로 소유욕을 자극하고 다양한 물건들을 구경하는 것 또한 재미있다. 아이는 오죽할까? 이다. 갈수록 귀엽고 재미있는 스티커, 사랑스러운 캐릭터 수첩 등을 보며 이것도 저것도 그래서 무엇을 사야 할지 혼란스럽다. 아이는 엄마에게 사달라는 눈빛을 보낸다. 이만큼 갖고 싶어 하니 엄마도 마음먹고 온 것이었기 하나 사줄 참이다. 원하는 것을 가끔 사주는 것도 아이의 욕구충족에 도움이 된다. 아끼는 물건을 사서 모으고 집으로 가서 귀하게 여기기도 하고 잘 가지고 놀지 않기도 한다. 이러한 행동들이 반복 되며 자신의 취향을 알아가고 물건에 대한 절제와 소중함을 배운다.

잘못된 소유욕은 부정적인 결과를 낳는다. 다른 아이의 물건을 몰래 가져가는 아이도 있다. 작은 물건이라도 말없이 가져가는 것은 안 된다. 돌려주어야 할 것이다. 어리다고 해서 용서될 것이 있고 안 될 것이 있다. 사소한 일이라 여긴다면 시간이 지나면서 더 큰 물건에 손을 대기 시작한다. 견물생심(見物生心)이라 하여 갖고 싶은 물건이 눈에 띄면 어떻게 해서라도 손아귀에 넣어야만 하는 아이도 있다. 적절히 원하는 것을 이루어주지 않으면 올바르지 않은 방법으로 물건을 획득 하고자 하는 경향이 있다. 아이에게 모든 물건을 사줄 수 없지만, 꼭 가지고 싶은 것이 있다면 어린이날이나 크리스마스 날 의미를 부여하고 선물을 해 주는 것도 바람직하다.

# Ⅳ. 탐구학습

# 1. 재래시장 견학

아이들은 시장에 가면 가다 서다 반복한다. 새로운 것이 많고 신기하기도 하거니와 평소에 궁금했던 물건들이 진열되어 있으니, 구경하느라 멈추었다가 다시 가던 길을 가고 또 흥미로운 것을 보면 멈춰 서서보곤 한다. 어릴 적 엄마를 따라간 시장에는 작은 자장면 가게가 있었다. 자장면을 시장 상인들을 상대로 판매를 하니 가격도 비싸지 않았으며 수타식으로 면치기를 하여 먹기에 부족함 없는 맛과 양을 자랑한다. 특유의 시장 분위기가 더해지고 짭짤한 단무지는 미각을 자극했다. 면을 좋아하는 나로서는 아주 특별한 외식이었다.

아이는 재래시장에서 고등어, 갈치 생선을 보더니 눈을 동그랗게 뜨고, 눈대중으로 생선의 크기며, 길이를 재는 시늉을 했다. 정육점에 가서는 고기를 사고, 오랜만에 가마솥에 튀긴 통닭도 샀다. 아이는 두 손 가득 튀김 닭이 든 검은 봉지를 보고 마냥 좋아한다. 무엇보다 시장놀이라 생각하는지 무척 재밌는 모양이다.

재래시장은 물건을 파는 사람들에게서 친근감을 느끼며 여러 가지 감정을 교류하며, 계산적인 관계를 넘어 다정함을 알게 되는 곳이다. 타인과의 접근에 허물없음과 배려로 격식보다 진한 한국인의 정(情)을 느낄 수 있다. 이에 길에서 음식을 먹는 행동마저 자연스럽다.

재래시장은 물건을 파는 상인에 따라 마트에서 볼 수 없는 '덤'이라는 것도 있고, 다양한 채소와 생선, 과일 등이 포장되지 않는 채 그대로 판매되기에 아이들과 만져보고 살 수 있다. 오이의 가시와 파프리카의 매끈한 감촉을 느낄 수 있어서 현장감과 생동감이 넘친다. 엄마와 함께 가서 더 즐겁고 덤, 가격흥정, 떨이와 같이 재래시장에서만 느낄 수 있는 요소들을 엄마와 공유할 수 있다.

아이와 시장에서 주로 자장면과 칼국수, 팥죽을 시켜 먹는다. 평소에는 안 먹던 음식도 시장에서는 맛있게 먹는다. 장소가 바뀌니 식성도 달라진다. 아이에게 흥미로운 시장 구경, 사람 냄새나는 재래시장을 경험하게 해 주니 엄마로서 뿌듯하다.

# 2. 위험 상황 예방

　초등학생의 등·하교 길에 형광 조끼를 입은 도우미 어르신들이 있다. 녹색의 깃발을 들고 횡단보도에서 길을 건너는 아이들의 안전을 살피는 녹색어머니회 부모들도 볼 수 있다. 이들은 아이들이 혹여 다칠까 봐, 의심되는 사람이 주위에 있는지 살피고 무엇보다 학교까지, 집까지 안전하게 다니는 것을 확인한다. 학교 가는 아이를 상대로 범죄를 저지르거나, 학교에 무단출입해서 문제를 일으킨 일들이 매스컴을 통해 종종 보도 된다. 나쁜 사람들로부터 어리고 작고, 예쁜 아이들을 지켜주어야 하며 보호해 주어야 한다.

　하지만 집에서는 잠시 아이가 혼자 있는 틈을 타서 빵을 사오거나, 차에 물건을 가지고 올 일이 있다. 그럴 때면 TV를 켜

두고 아이에게 엄마는 집 비밀번호로 열고 들어오니, 절대 문을 열어주지 말라고 신신당부 한다. 잠시지만, 잠깐 나간다는 것이지만 지인을 만나서 이야기할 수 있고, 물건의 계산이 늦어질 수도 있다. 일을 보는 사람에게는 시간이 빨리 가지만, 기다리는 사람은 초조하고 불안할 수도 있다. 그 점을 잘 알기에 재빨리 뛰어갔다가 급한 일만 보고 온다. 계산으로 지체될 것 같으면, 간단한 것만 추려 계산하고 집으로 부리나케 달린다. 혼자 TV를 보고 아이스크림을 먹으며 잘 기다려준다.

어리지만, 위험할 수 있는 것에 직접적이고 구체적으로 설명해준다. 자기 전이나 조용한 시간에 범죄 상황에 대해서 "놀이터에서 사탕은 준다고 해서 따라 가지마."라던가 친구 따라 모르는 곳에 가는 것은 안 된다는 것을 인지시켜 준다. 집안에서 일어날 위험 상황에 대해서도 알려준다. 문에 손이 끼이거나 주방에서 조리 도구를 만져서 다치는 사례도 있다. 문이나 모서리 부분은 보호대를 설치하고 현관문은 갑자기 닫히지 않고 천천히 닫히도록 해놓아야 한다. 콘센트는 전기에 대해 이해하기 전까지 커버로 막아놓아야 한다.

위험한 상황들은 직접 경험할 수 없으므로 안전이나 이에 대한 연극이나 교육프로그램을 시청하거나 역할 놀이를 하는 것도 도움이 된다.

# 3. 역사 유적지 탐방

　날씨가 좋아 박물관에 갔다. 아이가 넓은 박물관을 많이 걸으면 힘들 것을 생각해 유모차를 가지고 갔다. 예상대로 처음에는 잘 걷더니 나중에는 지쳐서 유모차에서 잠을 잔다.

　박물관 안은 관람객의 이동 방향에 따라 물결처럼 따라 들어간다. 박물관에 들어가는 방향과 나오는 방향을 알려주며 왜 역행해서는 안 되는지를 설명해준다. 들어가는 방향으로 쭉 따라가면서 역사적 보물들을 보여준다. 설명 한다고 해서 다 듣고 기억하는 것은 아니지만, 아이가 지루하지 않은 선에서 재미있게 설명해 준다. 엄마의 설명을 듣다가 '이건 뭐지?'라고 묻기까지 한다. 묻는 것에 쉽게 설명해 주면 이해가 되는지 고개를 끄덕인다.

왕릉에 간 적도 있다. 아이는 거대한 규모의 왕릉을 돌며 걸어보고, 뛰어 보고, 어리둥절 해한다. 키가 작아서 그런지 왕릉의 크기가 짐작 되지 않는 모양이다. 잘 정리 된 왕릉 주변의 잔디밭에 뛰어 다니며, 햇볕이 좋은 곳에서 구경도 한다. 옛날 왕의 무덤이라는 사실을 알고 놀라움을 금치 못하며 지금의 무덤과 크기가 왜 다른지 궁금해 하기도 한다.

아이의 궁금증과 호기심은 학문적 탐구의 원천이다. 지식의 양과 사고의 폭을 넓히기 위해 부모는 귀찮아하지 말고 하나하나 답해주고 호기심을 해결 하도록 한다. 아이의 질문을 차단한다면 궁금한 점이 생겨도 알고 싶어 하지 않는다. 만약 부모도 모르는 부분이 있다면 솔직히 모른다고 말하며 인터넷 검색을 통해 함께 공부해 보고 알아보자고 말한다. 부모 역시 모르는 것이 부끄러운 것이 아니라 몰랐던 사실을 서로 알아가는 유익한 시간임을 인지해야 한다.

어린 아이에게 유적과 역사적 사실을 암기식으로 가르치기보다 가족과의 여행을 통해 보고 옛 조상들의 지혜와 생활을 직접 느끼고, 눈으로 관찰 해보고, 사진에 담아 두면 시간이 지나 초등학교에 입학 후 과제를 하거나 책에서 볼 때, 역사 유적지의 기억을 상기 하며 함께 찍은 사진을 꺼내 보고 이야기해 볼 수 있는 이점이 있다.

# 4. 독서교육


　아이는 낮에는 놀다가 가끔 자기 전에 책을 읽어 달라고 한다. 가만히 살펴보니, 아직 더 놀고 싶고 엄마와 시간을 보내고 싶어서 자기 싫다는 의미이다. 아이는 책을 읽어주는 것도 좋아하지만, 멜로디가 있는 책을 더 좋아 한다. 10곡 정도의 멜로디가 나오는 책을 가져다가 음악을 켜고 침대에서 펄쩍 뛰거나 흥얼거리며 놀기를 좋아 한다. 책을 읽는 것은 자기 전 습관처럼 마지막 놀이를 위한 하나의 의식이다. 따라서 책을 읽자고 하면 먼저 멜로디 책을 가지고 와서 노래를 켜며 즐거움에 겨워 춤을 추기 시작 한다.

　오늘날, 내용이 녹음된 책이 있어 혼자서도 잘 볼 수 있다. 하지만, 엄마의 목소리로 읽어주는 것보다는 재미가 없는지 혹은 같이 책을 보며 읽고 싶은 마음인지 단지 엄마와 함께 하는 시간이 좋은지 자기 전 책 읽는 시간을 극도로 좋아 한다. 아이에게 책 읽기를 강요하기 보다는 흥미를 느끼고 자율적으로 아이에게 책을 읽도록 한다면 활동성은 높아진다.

독서라고 하면 보편적으로 고전을 떠올려진다. 논어, 맹자와 같은 고전뿐만 아니라, 실용적으로 부모가 읽고, 아이도 재미있게 읽어 함께 지식을 쌓아가는 책이 좋다. 따라서 홀로 정보만을 얻는 책 보다 읽은 내용을 대화하고 아이와 감정을 나누며 책의 내용과 깊이, 참된 가치를 느낄 수 있다.

오래전 만화 보는 것을 금기시하는 시절에 어린이 만화 잡지를 사달라고 부모님께 간절히 애원해서 산적이 있다. 만화책의 아름다운 그림을 보고 따라 그리기도 하고 내용에 심취하기도 하며 그 한 권을 소중히 읽고 오래 보관했다. 그 만화책을 읽기 전에는 꼭 손을 씻고 훼손될까 염려되어 접지도 않고 조심히 펼쳐 읽었던 기억이 있다.

책이 이론적인 내용만 있는 것도 좋겠지만 아이가 좋아하는 책을 한 번쯤 사주는 것도 좋다. 책에 대한 애착을 가질 수 있고, 집중해서 읽는 계기가 되기 때문이다. 경험할 수 없는 것들을 책으로써 논리적 구조를 배우고, 상상력과 사고력을 함양시켜 탄탄한 독서력과 학습능력을 키우길 바라본다.

# 5. 식사 예절

공동체 생활에서는 식사 예절이 절대적으로 필요하다. 우리 나라 음식 문화 특성상 식사 시, 침 튀어가며 말을 하거나, 손으로 먹거나, 먹다가 음식물을 줄줄 흘리거나, 다른 사람의 음식에 숟가락을 가져가거나, 혹은 돌아다니면서 먹으면 곤란하다. 특히 초대받은 곳에서 그런 행동을 보이면 난처하다. 아이들은 그 상황을 미리 눈치 채고, 엄마가 타인 앞에서는 야단치지 않을 것이라 짐작해 집에서는 바르게 잘 먹다가도 밖에서는 마음대로 행동하려 한다. 밖에서 타인과 모처럼 즐거운 분위기를 깨기 싫어서 집에 가서 혼내야지 하는 마음이 들기도 한다.

이러한 상황을 극복 하려면 엄마의 심신 단련이 필요하고, 무엇보다 평소에 아이에게 예절을 일러두는 일이 우선이다. 어린 시절 올바르게 형성 되지 못한 식습관은 어른이 되어서도 영향을 미친다. 음식물이 보이도록 쩝쩝 소리를 내며 먹거나 후루룩 소리를 내며 국물을 마시는 사례도 있다.

이렇게 좋지 못한 식습관이 이어지지 않도록 다른 사람과 밥을 먹거나 음식점에서 친구 집에 갈 때를 대비해 아이를 앉혀 두고 여러 상황을 알려주고 어떻게 할 것인지 물어본다. 아이는 조용히 식사 하겠다고 답한다. 본인이 말한 내용을 반드시 지키도록 당부한다. 특별한 요구는 없지만, 상대가 싫어할 만한 일들을 역지사지(易地思之)의 마음으로 설명 한다면 아이는 잘 받아들인다. 부모와 약속을 했다 하더라도 막상 식사 자리에서 떠들거나 약속대로 행동하지 않는 경우가 많다. 그렇다면 조용한 곳으로 데려가 단호하게 못 하도록 한다.

또 "자기가 앉은 자리에서 멀리 있는 음식을 먹으려 하지 말라."는 말이 있다. 굳이 남의 자리에 있는 음식을 팔을 길게 뻗거나 가져 와서 식사 분위기까지 망치며 먹는 것은 실례가 된다. 아이에게 음식을 예절 바르게 먹는 방법을 알려주고 정성스레 만든 음식이 혹여 맛이 없더라도 해준 사람의 성의를 알고 감사히 먹도록 지도해야 한다. 어른들도 맛이 없더라도 음식과 요리한 이들에 대해 직접 타박하지 않는 겸양을 지니고 너그러운 마음의 자세를 갖도록 한다.

# 6. 갯벌체험 활동

갯벌체험은 즐겁고 신난다. 갯벌은 조개, 바지락 등 아이들이 체험해 볼 수 있는 채취의 장이다. 철새들이 날아들기도 하고, 진흙 벌판 너머로 펼쳐지는 갯벌은 생태적 다양한 생물들로 생산성이 높다. 이곳에 서식하는 생물에 관한 이야기와 밀물 시간에 바닷물에 잠기고 썰물 때 바닷물이 빠져나가는 갯벌의 특성을 알게 해주고 썰물 시간에만 갯벌 체험이 가능하다는 것을 인지시켜 준다.

책에서만 보던 갯벌에서 가족들과 직접적 체험 활동을 통해 실물의 자연에 몰입하고 조개와 바지락의 움직임에 생태적 호기심을 자극한다. 갯벌을 걷고 진흙을 만지고 자연의 경이로움을 느낄 수 있다. 더 나아가 어촌에서 삶을 일구는 일부분을 바지락 캐기 등으로 경험해 본다면 교육의 효과는 극대화 된다. 체험을 위해서 여벌 옷, 채취한 생물들을 담을 통, 장화, 수건, 호미, 플라스틱 낮은 의자 등이 필요하다. 체험 시설로 운영되는 곳에서 비용을 받고 장화나 호미, 플라스틱 낮은 의자 등은 대여해 주기도 한다. 채취한 조개나 바지락을 가져갈 수 있도록 해 준다. 직접 잡은 재료로 칼국수나 국 등을 요리하는 시간도 의미 있다. 체험 전 밀물과 썰물 시간을 미리 파악 하고 가는 것도 중요하다.

아이들은 진흙에 묻은 조개며 물고기, 게 잡기 놀이에 시간 가는 줄 모른다. 바위를 들어 올리면 바위 틈새로 옆걸음으로 재빠르게 움직이는 게와 손으로 만지면 다물어 버리는 조개의 모습을 관찰 한다. 도구를 이용해 잡기도 하지만 손으로 잡아서 통에 담으며 움직임도 관찰 한다. 손으로 잡는 것을 두려워하는 아이들도 있지만, 반복적인 경험으로 자연과 친화 되어 두려움이 점차 사라진다.

아이는 작은 게를 잡아 집에 가져가서 키우자고 한다. 부모는 바다를 떠나 집에 가져가도 키우기가 힘드니 놔 주자고 한다. 처음에는 안 된다고 하지만, 집에서는 바다와 환경이 달라 빨리 죽을 수도 있고 아기 게도 엄마, 아빠를 만나게 놓아 주자고 설득하면 아이는 작은 생명도 소중히 여기고 수긍하게 된다.

# 7. 탐구 활동

탐구 활동은 삶 속에서 일어나는 다양한 경험에 대해 오롯이 집중하여 탐색하고 문제 해결력을 배양하는 기회를 제공해 준다. 아이들은 가위로 자르기 오리기와 같은 소 근육 활동부터, 동물이나 사물을 탐구하는 관찰학습, 부모나 선생님의 행동을 따라 하는 모방 학습을 통해 획득 된다. 탐구 활동을 하는 소집단에서 스스로 역할을 알고, 수행하며, 협력하는 인지적, 사회적 기술을 발달시킬 수 있다.

아이에게 문제 해결 능력과 직접 해답을 찾는 방법을 일깨워 주고 생각의 범위를 넓히고 올바르게 사고하는 능력을 키워주기 위해서 부모는 직접 문제에 개입하거나 해결해 주지 말고 스스로 할 수 있도록 안내해 주는 간접적인 역할을 해야 한다.

탐구학습은 지식을 획득하는 과정에서 유아의 적극적 주체적 참여로 이루어지며, 하나의 답이 아닌 여러 가지 답과 상황 등을 추론하는 문제를 제시하는 것이 좋다. 여러 상황적 요소들을 통합적으로 전환하는 힘 즉, 전체의 숲을 보는 능력을 길러준다. 탐구학습을 통해 확장된 시각으로 고정된 지식이나 흑백논리에서 탈피하여 경험을 재구성하는 능력을 기른다.

과거의 경험을 현재 상황과 연결할 수 있다는 것은 과거에 비추어 옳고 그름을 파악하여 문제를 해결하기에 도움이 된다는 의미이다. 더 나아가 앞으로 행해야 할 미래의 행동을 미리 재구조화시킬 수 있어 상황 판단 능력을 기를 수 있다. 결과적으로 탐구학습을 통해 여러 가지 상황들을 어떻게 해결하고 행동해야 할지 알맞게 생각할 수 있게 된다.

탐구 활동에서 중요한 점은 아이의 능동적 참여이다. 예를 들어, 블록을 쌓으면서 수학적 사고를 하거나, 소집단을 이루어 의사소통을 통한 탐구 과정을 경험하는 것이다. 아이들은 일상생활의 경험과 관련지어 학습 동기를 갖는다면 흥미와 관심을 쉽게 이끌 수 있으며, 다양한 수준의 사고 기회를 획득하게 된다. 부모는 단순 암기력이 뛰어나기를 선호하지만, 더 나아가 탐구학습을 통해 이를 통합적으로 이해하고 판단할 수 있는 능력이 더 중요하다.

# 8. 동물원 견학

아이들은 평소 다양한 동물을 가까이에서 볼 기회가 잘 없다. 따라서 동물원 방문은 아이들에게 미지의 세계를 탐험하는 듯한 경이로움과 신비함을 준다. 개와 고양이와 같은 인간과 함께 생활하는 반려동물이 아닌 독립적 개체로서 동물은 아이들의 궁금증과 호기심을 끄는 대상이다. 책이나 미디어에서만 보던 코끼리, 얼룩말, 돌고래 등의 동물을 실제로 접하면 아이들은 놀라움과 동시에 흥미와 관심을 가진다.

여러 차례 동물원 방문으로 동물에 대한 이해가 깊어지면 단순히 귀엽다거나 신기함을 넘어서 동물의 삶과 특성을 이해하고 사랑하는 마음을 가질 수 있다. 동물은 어떤 음식을 먹는지, 겨울잠을 자는 동물은 무엇이 있는지 어떠한 생활환경이 적합한지에 대해 더 알고 싶어 한다. 동물에게 먹이 주기 체험 역시 아이들에게는 훌륭한 경험학습이 된다. 동물에게 사람이 먹는 아무 음식을 주면 안 되며, 동물원에서 지정된 먹이를 주도록 해야 한다. 아이 스스로 먹이를 주고 동물이 잘 받으면 몹시 뿌듯해한다. 부모는 사소하지만, 칭찬해 준다면 아이는 성취감을 느낄 수 있다. 손으로 먹이를 주는 것을 무서워하는 아이도 있다. 함께 먹이를 주며 두려움을 극복해 나가는 것도 하나의 방법이다. 두려움을 극복하는 과정에서 아이는 용기와 자신감을 얻는다.

동물원 견학에서 부모가 동물에 대한 설명을 아이의 수준에 맞게 재미있게 설명해주면 관심이 없던 아이들조차 애정을 가지는 계기가 된다. 동물에 대한 것뿐 아니라 인간이 만들어 놓은 동물원 안에서 동물들이 생활하게 되므로 균형 잡힌 먹이, 갑작스러운 동물의 질병 등으로 동물원 관리자들은 항상 열심히 일하고 신경을 쓰고 있다. 보이지 않는 곳에서 묵묵히 일하는 사육사의 이야기도 해주고 고마운 마음을 갖도록 해 준다.

동물은 인간과의 의사 교류가 어려우므로 동물 학대에 대해서 오늘날 사회적 문제가 크다. 실제 동물을 학대하는 경우가 사람을 향한 범죄로 이어지기도 하니 생명에 대한 존엄성과 동물을 사랑하고 보호하는 마음을 가져야 할 것이다.

# 9. 직업 체험교육

아이들에게 우리 사회에 여러 직업이 존재하는 것을 알고 직접 체험하게 함으로 자신이 원하는 꿈을 구체적으로 생각할 기회를 준다. 또 그 직업을 가지기 위해 어떠한 노력과 방법이 필요한지 알아본다. 아이는 이 과정에서 직업을 통한 꿈을 키우고 노동과 노력에 대한 숭고함을 느낄 수 있다. 아이와 함께 직업 체험 테마파크에 가거나 부모의 직장 견학 등을 통해 다양한 직업을 경험할 수 있다.

부모가 선호하는 직업군과 아이들이 원하는 직업은 다른 경우가 많다. 부모는 안정 직이나 전문직을 선호 하지만, 아이들은 자신이 할 수 있고 진심으로 좋아하는 일을 선택하기 때문이다. 청소년기 진로 문제로 부모와 서로 다른 견해로 방황하는 아이들이 많다. 아이들에게는 원하는 직업의 체험을 통해 차후 바뀐다 하더라도 이 시기에 원하는 꿈을 찾고 꿈을 이루기 위해 어떻게 해야 할지, 그리고 현재의 생활에 충실할 수 있도록 이끌어 주는 것이 바람직하다.

바르고 성실하게 생활하는 아이들일지라도 꿈과 목표가 있는 아이들은 매사에 더욱 열심히 임하는 경우가 많다. 부모가 원하는 직업이 아니더라도 격려해 주고 꿈을 이루기 위해서 지지하고 공감해야 한다. 자녀는 부모에게 인정받기 위해서가 아닌 자신이 하고 싶은 일을 통해 보람과 즐거움을 느낀다면 그것으로 부모는 만족해야 한다.

직업 체험은 흥미 위주의 간단한 체험 보다 실제 어떤 기술을 습득하거나 그 일을 하는 주인공이 되어 깊이 겪어보는 것이 중요하다. 그래야만 어떠한 직업의 단편적인 모습만 보고 선택하지 않기 때문이다. 예를 들어 발레리나가 꿈인 아이에게 이유를 물으면 화려한 발레 의상을 입고 춤을 추는 것만 생각한다. 이면에 감추어진 오랜 시간의 피나는 노력을 아이는 모를 수 있다. 그것들을 알아가며 원하는 꿈에 가까이 다가서기 위해 노력하며 아이는 성장한다. 성인이 되어서도 자신의 꿈이 무엇인지조차 모르는 경우가 많다. 어린 시절의 다양한 체험과 활동은 행복한 미래의 꿈을 키워가는 화수분 역할을 할 것이다.

# 10. 세계 여러 나라의 모습

아이들은 자신이 경험하지 못한 세계에 대한 호기심과 두려움, 의구심을 함께 갖는다. 모습이 다르다는 이유로 외국인을 무서워도 한다. 세계 여러 나라를 배우며 아이가 보이는 것이 전부가 아닌, 세계는 매우 넓고 다양한 국가와 그에 따른 고유한 역사가 존재 한다는 것을 알 수 있도록 시청각 자료를 활용해 인지시켜 준다. 아이는 경이로움을 금치 못한다.

세계 여러 나라는 내가 사는 곳과 자연 환경과 삶의 모습도 서로 다르다는 사실을 알 수 있으며 그 가운데 공통점을 찾아갈 수 있다. 예를 들어 결혼식이라는 풍습에 대해 한국과 해외의 의상, 행사 방법 등이 다르지만 결혼하는 남녀가 행복하기를 바라고 축하해 주는 마음은 같다는 사실은 인종과 국적을 넘어서 같은 모습을 보인다.

또한, 넓은 시각을 가지고 세상을 바라보며 여러 사람의 삶의 모습을 배우고 이해할 수 있다. 예를 들어 추운 지역에 사는 에스키모의 생활 모습과 우리가 사는 모습이 다르다. 이는 의상이나 주거 환경 등 기후와 특색에 따라 알맞은 문화가 조성된 것임을 알게 해 준다. 이를 통해 아이는 다양성을 받아들이고 서로 다름에서 오는 이질감을 극복하고 한국에 온 서로 다른 모습을 한 사람들과 친구로서 세상을 함께 살아가는 공동체로서 친밀감을 가지는 계기가 되어야 할 것이다.

처음부터 세계 여러 나라에 대한 학습은 쉽지 않다. 책이나 교구 등을 통한 간접적인 학습 물로 받아들일 때는 즐거움을 느끼다가도 막상 외국인은 실제 접한 아이들은 두려움을 느끼고 울거나 회피하는 양상을 보인다. 외모가 지금까지 본 사람들과 다르다고 생각하기 때문이다. 따라서 말로 설명하기보다 시청각 자료를 활용한 교육이 더 구체 물에 가깝고 받아들이기 쉽다.

모습이 다를 뿐, 세상을 함께 살아가는 존재라는 것을 항상 일깨워 주도록 한다. 외국인이 등장하는 동영상이나 외국인 인형을 보여주며 서서히 두려움을 떨칠 수 있다. 물론 초기에는 외국인 인형이나 동영상도 거부할 수 있으나 자주 보여주면 시간이 지나며 서서히 받아들이게 된다.

# 11. 전래동화 읽어주기

　전래동화는 유아기 시절 접하는 한국의 고전문학이다. 현재 성인이 된 이들도 전래동화를 많이 읽고 자라왔다. 전래동화는 한국적 정서를 이해하고 올바른 가치관을 정립하기 위한 다양한 주제를 이용하여 흥미로운 이야기로 접하며 교육에 긍정적으로 이바지해 왔다. 오늘날은 전래동화를 예전보다 자주 읽어주지 않는 분위기이다.

　전래동화에 나오는 단어가 어렵기도 하지만 무엇보다도 지금과 사회적 분위기가 사뭇 다르다고 인지하고 아이들에게 그것을 하나하나 설명하기 버겁기 때문이다. 예를 들어 '선녀와 나무꾼' 이야기에서 나무꾼이 목욕하던 선녀의 옷을 숨기는 대목이 나온다. 오늘날의 입장에서 타인의 물건을 절대 가져가면 안 되므로 아이들의 시각에서 혼란스러울 것이다. 전래동화를 읽어 주지 않는 부모들이 공론화하는 부분이기도 하다. 간혹 아이들 가운데 현대의 정서와 맞지 않는 부분에 대해 이해하기 어려워한다면 주제의 본질을 흐리지 않는 선에서 각색하여 들려주는 것도 하나의 방법이 될 수 있다. 나무꾼이 선녀의 옷을 훔쳤다고 하기보다, 주웠다거나 바위틈에서 찾았다 등으로 이야기해 준다.

전래동화의 주목적은 옛이야기를 발판 삼아 인과응보와 권선징악을 알려주는 것이다. 여기에 주안점을 두고 전래동화를 들려주는 것이 가장 좋다. 흥부와 놀부에서 먹을 것을 얻으러 간 흥부가 밥이 붙어있는 주걱으로 뺨을 맞는 대목이 나온다. 오늘날 사회적 분위기는 사람을 절대 때려서는 안 되므로 아이들이 혼란스러워한다. 이때에는 이 부분을 놀부네 집에 찾아갔지만 먹을 것을 구해오지 못했다고 간략히 설명 하고 넘어 가도록 한다.

억지로 전래동화책의 내용대로 읽고자 하는 아이도 있을 것이다. 당연히 의문을 제기하면 책 내용 그대로를 읽어주어 아이의 궁금증을 해소하고 전래동화책에서 용인되는 부분이라는 점을 일깨워 주고 오늘날은 그렇게 해서는 안 된다는 점을 알려주도록 한다.

# 12. 집중력이 부족한 아이

아이들은 본래 집중력이 부족하다. 선천적으로 집중력이 좋은 아이들도 있지만, 어릴수록 집중 시간이 짧지만, 점점 자라나며 집중 시간이 길어진다. 초등학생의 경우 학교 수업 시간이 40분, 중학생이 45분, 고등학생은 50분으로 구성되어 있다. 수업 시간을 통해 성장할수록 점차 집중 시간이 길어짐을 알 수 있다. 성별의 차이도 극명하다. 유아기에는 여아의 성장 발달이 우세하므로 내면적인 성장 역시 여아가 빠르다 할 수 있는데 집중력 역시 여아가 더 높다. 그래서 유아기 시기에 집중 시간이 길지 않다고 하여 미리 걱정할 필요는 없다.

집중 시간이 길지 않지만 집중하는 방법이나 수업 시간에 떠들지 않고 바르게 앉아서 선생님의 말씀을 경청 하도록 가정에서 지도해 준다면 아이들이 집중이 힘들더라도 점점 생활화 되어 집중력이 늘어나는 것을 알 수 있다. 이러한 지도는 집과 원에서 모두 행해져야 집중력 향상에 도움이 된다.

그러나 지나치게 집중력이 부족하여 어린이집이나 유치원에서 수업이 제대로 이루어지지 않을 정도로 산만하고, 가정에서도 주의를 주거나 연습을 시켜도 진전이 없을 시 병원이나 전문 상담 기관을 방문하는 것이 좋다. 유아교육 기관 선생님의 조언을 듣고 아이가 다른 아이들과 집중의 정도가 다르다는 것을 알게 된다면 고통스럽고 어렵지만 받아들여야 한다.

선생님 역시 그 말을 꺼내는 것이 매우 힘들고 어려운 일이다. 자칫 부모와 오해의 소지가 생기거나 관계가 껄끄러워질 수 있기 때문이다. 그러한 리스크를 부담하고 부모에게 말을 한다는 의미는 아이의 치료가 절실하다는 뜻이다. ADHD(주의력 결핍 과다행동 장애)와 주의력이 부족하고 충동성이 강한 성향을 보인다.

ADHD는 대부분 성인이 되면 좋아지지만 방치 한다면, 생애 전반까지 이어질 수 있다. 적절한 조기 개입은 원활한 학습과 생활에 도움이 된다. 그러나 부모로서 인정하고 싶지 않다. 그러나 이 시기만 지나면 괜찮아질 것이라는 믿음으로 치료시기를 놓치거나 정도가 심해지는 경우도 많다.

# 13. 어휘력이 좋은 아이

언어발달이 또래보다 빠르고 어휘력이 좋은 아이들은 부모와의 상호작용이 잘 이루어지고 여러 사람과의 대화나 책을 통해 많은 어휘를 접하기 때문이다. 그러나 다양한 어휘를 접한다고 하여 모든 아이가 어휘력이 뛰어나지는 않다. 어휘의 의미를 알고 바르게 사용할 줄 알아야 한다.

한때 책을 많이 읽는 아이는 똑똑해 진다는 이야기가 있었다. 아이가 독서를 집중력 있게 하는 것 자체만으로도 이미 우수한 아이이다. 어휘력이 좋은 아이가 되기 위해서는 책을 단순히 읽는 것을 넘어 유의미한 독후 활동이 병행 되어야 할 것이다. 읽기만 하고 책에 담긴 내용이나 의미를 간과해 버린다면 올바른 태도의 독서라 할 수 없다.

우선 읽고 싶은 책을 고르게 한다. 책을 고르는 행위는 궁금 증과 내적 호기심에 기인 된 것이다. 따라서 자신의 궁금증을 해소하기 위해 더 집중해서 읽을 수 있다. 한글을 모른다면 천 천히 부모가 읽어준다. 아이는 글자를 모르더라도 부모가 읽어 주는 내용과 그림을 보며 자신만의 관점으로 이해하고 받아들 인다. 책 읽기가 끝난 후 느낌이 어떠한지 물어본다. 처음에는 단순히 좋았다 혹은 싫었다고 대답하겠지만 독후 활동이 지속 되며 점차 생각과 느낌에 대해 다양한 표현이 가능해진다.

책을 읽을 수 있는 아이들은 스스로 읽게 한다. 읽어주는 것 을 듣는 것과 스스로 읽는 것은 다르다. 주체적인 독서를 한다 는 점에서 읽는 것은 중요한 의미가 있다. 쓰기가 가능해 진다 면 독후 활동으로서 생각과 내용을 단 한 줄이라도 적어보게 한다. 처음에는 말하기와 마찬가지로 매우 단순한 양상으로 나 타날 것이다. 어휘가 늘고 생각이 파생 되며 글쓰기는 점점 구 체화 된다.

또한, 글은 생각을 정리하는 힘을 가진다. 구어체와 문어체는 다르므로 말과 글이 같은 내용이라도 표현이 다르다는 것을 알 수 있게 해 준다. 글로서 생각하는 힘이 성장 한다면 어휘력을 넘어 보다 표현적으로 풍부한 삶을 향유 하는 초석이 될 것이다.

# 14. 암기력이 좋은 아이

　유아기의 아이들은 대부분 암기력이 매우 뛰어나다. 성인의 경우 이미 많은 정보가 습득 되어 있으므로 암기가 잘 이루어지지 않는다. 반면 이미 습득된 정보를 활용하고 습득하여 광범위하게 활용하는 능력이 우수하다. 아이가 암기력이 우수한 이유는 아무것도 없는 백지의 상태에서 정보를 흡수하듯 습득하기 때문이다.

　반면 시간이 지나며 잘 잊어버리기도 한다. 아이의 우수한 암기력을 장기 기억화 하기 위해서 암기한 것을 대화나 경험을 통해 상기 하도록 해야 한다. 단순 암기력과 기억력은 차이가 있다. 암기력은 스스로 외우는 일차적인 것에 그친다면 기억력을 그것을 오랫동안 기억하고 유지하는 기능이다.

특히 아이들은 감각이나 경험을 통한 기억을 더 오래 유지한다. 아이에게 주입식 암기만이 아닌 유의미한 경험과 호기심을 통해 가용 가능한 범위 내에서 기억을 활성화할 필요가 있다. 예를 들어 아이가 어린이집이나 유치원에서 윷놀이를 배우고 왔다. 집에서 부모가 단순하게 윷놀이할 수 있지만, 아이의 암기력 향상을 위해서 윷판과 말을 준비하지 않고 윷놀이를 해 보도록 한다. 머릿속에서 윷판 위의 말이 어느 위치에 와 있는 지 아이는 깊이 생각하고 점차 기억과 암기를 담당하는 전두엽을 많이 활용하게 된다. 더 나아가 자신의 말뿐 아니라 상대의 말이 어디 위치에 와 있는지 생각하며 암기력이 배양 된다.

또 다른 활동으로 '시장에 가면' 놀이가 있다. 시장 외 다른 장소를 선정해 놀이해도 된다. 단순 암기 능력에 도움이 되는 놀이로서 2인 이상이 할 수 있다. 시장에서 판매 하거나 볼 수 있는 것들을 말하는 놀이인데 앞서 말한 것들을 차례로 말하는 인지 놀이이다. 방법은 '시장에 가면' 노래를 부르고 한 참가자가 먼저 '배도 있고'라고 외치면 다음 참가자가 '배도 있고, 사과도 있고'라고 외친다. 다음 순서의 참가자가 '배도 있고, 사과도 있고, 생선도 있고'라고 외친다. 이러한 방식으로 계속되면, 외쳐야 할 것들이 점점 늘어나고 아이는 이를 생각하는 과정에서 암기력을 기를 수 있다.

Ⅴ. 공동육아

# 1. 부모가 논다고 생각할 때


　부모 모두 직장에 다니는 맞벌이의 경우, 퇴근하면 집안일을 해야 한다는 중압감이 있다. 사실 퇴근 후에는 일찍 자리에 눕고 싶다. 업무로 인한 정신적 스트레스와 인간관계에 따른 에너지 소모로 극도로 피곤하다. 업무를 끝낸 후 퇴근은 한다지만 또 다른 일이 즐비한 살림과 육아 출근이다. 엄마는 퇴근, 아이는 하원 하는 동시에 기다렸다는 듯이 엄마를 이리저리 데리고 다닌다. 문구점, 빵집, 약국 등 아이들이 좋아하는 다양한 물건들이 있는 곳으로 간다. 여기저기 쇼핑을 끝낸 후 집에 들어오면 잠시 쇼핑한 것을 가지고 논다.

　집 안 청소와 정리 등을 하다 보면 저녁 시간이 된다. 저녁 준비를 하고 밥 먹일 때쯤이면 사 온 것을 실컷 놀았는지 슬슬 흥미가 떨어지고 관심이 줄어든다. 밥을 먹고 나면 본격적으로 엄마에게 놀아 달라고 한다. 밥을 먹이고 나면 솔직히 기력이 남지 않아 진이 빠진다. 직장에서 열심히 일하고, 지친 몸으로 저녁밥을 차리고, 식사 하고 설거지까지 하게 된다. 여기서 마무리하면 좋으련만, 그럴 수 없다는 듯이 옷자락을 이끈다.

아이는 엄마가 체력은 고갈되고 나이가 들었다는 사실을 모른다. 자기와 놀아주지 않은 시간 외 엄마가 놀았다고 생각하는지 날마다 "지금까지 안 놀아줬잖아!"라고 속상해 한다. 그러다 보면 의무감과 함께 어린이집에서 기다렸을 아이를 생각해 미안한 마음에 힘들어도 함께 놀게 된다.

하루는 아이에게 설명했다. 엄마는 아침에 너를 어린이집에 데려다 주고 곧장 직장에 가서 쉬지 않고 열심히 일하고, 일이 끝나자마자 너를 데리고 집에 와서 밥을 하고, 청소하고 정리하느라 조금 쉬고 싶다고 했다. 그랬더니 "그럼 엄마, 조금만 쉬어."라고 한다. 아이가 말하는 조금이 고작 물 한 모금 마실 여유이지만 그렇게라도 이해해 주니 고맙다.

유아기 아이는 자기 중심성이 강하다. 어린이집에서 생활하고 엄마를 기다렸을 아이는 그것을 '일'이라고 생각한다. 어른들이 직장에 다니듯 아이는 어린이집에 다니고 있다고 여기고 직장에 간 엄마는 보이지 않으므로 논다고 생각 하는 것이다.

# 2. 엄마, 아빠 비교할 때


"아빠는 잘 놀아주지 않잖아!" 엄마가 부재중일 때 아빠와 잘 놀면서도 가끔 섭섭한 일이 있으면, 엄마에게 같이 놀자고 하고, 반대로 엄마가 장난감을 사주지 않을 때 서운하다는 표현으로 아빠 하고만 논다고 한다. 귀엽기도 하지만 한 번씩은 약 오르기도 한다. 아이는 급기야 엄마와 아빠를 비교도 한다.

아빠가 친·인척 집이나 회사에 갔을 때 "지난번에 아빠는 사주던데.", "아니면 아빠가 사준다고 약속했어." 하며 엄마에게 대신 약속을 지켜 달라고 한다. 상대적으로 엄마와 같이 있는 시간이 많다 보니 늦게 퇴근하는 아빠와는 놀이하는 시간이 적어서 아빠들은 미안한 마음에 장난감을 사달라는 것을 흔쾌히 사준다는 약속을 한다. 아이들은 아빠가 약속을 지키지 않으면 엄마라도 약속을 지켜야 한다고 생각한다.

이 경우, 엄마와의 약속이 아니라고 하면서 단호하게 거절하기보다는 타협점을 찾는 것이 바람직하다. 아이는 약속에 대해 기대감이 크므로 그것이 상실 되면 부모와의 상호 관계에 신뢰감이 하락한다. 아빠와의 약속을 지킬 수 있도록 명확한 시간을 지정해 주는 방법을 제시한다. 예를 들어 아빠가 이번 주 토요일 오후에 시간이 있으니 그때 약속한 것을 사주기로 하자는 것이다.

그리고 지금 사줄 수 없는 상황들을 설명하는 것이다. 엄마는 지금은 장난감을 사줄 준비가 되어 있지 않으며 약속은 '아빠'라는 다른 상대이므로 엄마가 약속을 이행하는 것은 바람직하지 않다고 설명해 준다. 아이는 장난감을 갖고 싶은 마음에 우기기도 하고, 떼쓰기도 하지만 떼를 쓴다고 해줘서는 안 된다. 일관성 있는 양육 태도를 지니고 아이가 이해가 될 때까지 기다려 준다.

아이는 자신의 상황에 따라 엄마가 더 좋다거나 아빠가 더 좋다고 할 수 있다. 아이 스스로 부모를 비교하기도 하지만 누가 더 좋은지 물어 보는 부모도 있다. 모두 좋다고 할 때도 있지만 부모 중 한 사람을 말해서 섭섭할 수도 있다. 이 경우 아이가 왜 자신을 더 좋아하지 않는지 먼저 생각해 보도록 하자.

# 3. 형제·자매의 부재

　형제나 자매가 없는 것은 아쉽다. 특히나 아이가 어린이집에서 동생들을 좋아하고, 예뻐하는 모습을 보니 더 그렇다. 하루는 아이가 "엄마 나는 왜 동생이 없어, 동생이 있으면 좋겠어." 하고 말했다. 당혹스러웠다. 놀이터에서 보면 동생과 놀아주거나 동생을 질투하는 아이들을 보면 귀엽고, 한편으로는 내 아이에게도 동생이 있었으면 하는 마음이 든다.

　아이는 집에서 주로 혼자 논다. 외동으로 사랑을 독차지하다 보니, 놀이의 주인공은 자신이다. 어린이집에서도 엄마, 아빠 놀이에 아기는 하지 않는다고 한다. 아이들은 엄마나 아빠 역할을 하려 하지만 아기 역할은 시시하게 여기며 잘하지 않으려 한다. 아기 역할을 하는 아이는 형제가 있는 아이, 즉 놀이도 자주 해봤거나, 여러 역할에 익숙해져서 자연스레 양보할 줄 아는 아이였다.

혼자 있는 아이는 모든 것을 독차지함으로 소유욕이 강해 타인과의 접촉 시 양보를 할 줄 모르는 아이로 자랄까 걱정이다. 친구들과 놀이를 하거나 음식을 먹을 때 먼저 하려 하지 말고 양보를 하도록 가르쳤더니 양보는 "빼앗아 가는 것"이라고 답한다. 양보의 정의를 손해 보는 것이라 인식하는 것이다. 이러한 것을 방지하기 위해 양보하는 것에 대해 지는 것이 아니라 배려를 해 주는 것이라 이야기해 준다.

형제나 자매가 있는 아이들은 자연스레 사회성을 기른다. 서로 싸우거나 갈등을 빚기도 하지만 해결하는 과정에서 원만한 합의점을 찾고자 노력하기도 한다. 또 해결되지 못한 부분은 부모에게 혼이 나기도 하고 잘못된 부분에 대해 알아가고 성장하게 된다. 외동의 경우 다툼을 벌일 상대가 없다. 따라서 각 교육기관에서 이러한 문제가 생겼을 때 가정에서 겪어본 적이 없으므로 자기중심적으로 해석하고 억울해 하는 경우가 많다.

부모에게는 비교 대상이 없으므로 외동아이가 마냥 잘 생활하고 있을 것으로 생각하고 있으나 선생님으로부터 전화를 받으면 심장이 내려앉는 듯 신경이 쓰인다. 그래서 외동은 응석받이처럼 보인다. 그러나 부모와의 깊은 대화나 정서 교류로 더 어른스러운 아이로 성장할 가능성 또한 크다.

# 4. 애착 인형 분리

아이가 좋아하는 인형은 강아지 인형이다. 지인의 딸은 보드라운 보자기 만지는 것을 좋아해 그것만 만졌다고 했다. 그때는 그렇구나 했는데 현재 아이를 보니, 애착의 정도가 온몸으로 와 닿는다. 아이는 하나에 몰입하면, 다른 것은 보지 않고, 오직 그것만 몸에 끼고 행동 한다.

애착 인형이 좋을 때가 있다. 어린이집에 갈 때 혼자 안 간다고 하거나 엄마랑 떨어지기 싫다고 할 때 인형을 넣어주며 함께 등원 하라고 한다. 그리고 엄마가 생각날 때 가방에서 꺼내 보라고 한다. 아이는 안심이 되는지 인형이 시커멓게 때가 묻도록 함께 다녀주었다. 애착 인형이 요긴할 때가 있지만, 아이가 집착하면 걱정이 되기도 한다. 그러나 사회성이 형성될 무럼 자연스럽게 애착 인형에 관심이 멀어지니 크게 걱정할 문제는 아니다. 다만 애착 인형을 지니는 시기가 길어진다면 양육자와의 관계에서 불안함이나 유대 관계 형성에 문제가 없는지 되짚어 보아야 한다.

또 좋아하던 베개와 강아지 인형이 있어야만 잠을 잔다. 잠자기 전에 그것들을 미리 준비하는 모습을 보면 웃음이 난다. 한동안은 캐릭터 옷에 꽂혀 그것만 입고 다니더니 흥미가 시들해졌다. 강아지 인형은 꽤 오래 간다. 인형과 대화를 하고 이불을 덮어주기도 한다. 베개에 이름을 붙이기도 한다. 애착 인형을 갑자기 분리하면 당황해서 울면서 매달린다.

갑자기 분리 하는 것은 좋지 않다. 애착 인형을 통해 아이는 정서적 안정감을 도모 하고 스트레스를 해소 한다, 자신의 일부라고 생각하기도 한다. 편안한 친구나 분신으로 여겨 힘들거나 어려운 일이 있으면 애착 인형으로 극복하려는 경향을 보이기도 한다. 이러한 애착의 대상이 갑자기 없어지면 모든 것을 잃은 느낌이 든다. 불안과 슬픔, 상실감을 느끼기도 한다.

어린아이는 정서가 완성 되지 않았으므로 시간을 두고 서서히 다른 인형과 놀잇감으로 관심 가도록 해준다. 강제적인 것은 아이에게 악영향을 끼치니, 아이의 상황을 보면서 자연스럽게 분리될 수 있도록 기다려 준다.

# 5. 부부 공동육아

　부모로서 아이에게 대한 관심은 당연하다. 하지만, 아이를 끔찍이도 아끼는 마음에 서로 다른 교육관과 의견 차이로 부부간의 싸움이 나거나 갈등이 생긴다. 특히 양육에 대한 의견 충돌은 아이에게 도움이 되고자, 더 잘 기르고자 하는 마음에서 생긴다. 그러나 마음과는 달리 자칫 아이에게 싸우는 모습만 보이게 된다.

　또한, 육아 분담에 있어서 엄마 입장은 아빠가 적극적인 모습을 보이지 않는다고 생각 한다. 첫째 아이의 아빠들은 갓난아기를 목욕 시키거나 아프다고 하면 어떻게 할 줄을 몰라 당혹감을 감추지 못하며 도움을 잘 주지 못한다. 그러면 엄마는 혼자 아기를 돌보고 육체적으로 힘들어 섭섭함을 느끼고 산후우

울증과 피로감이 쌓이다 보면 남편에게 화를 내기도 한다.

엄마의 입장은 아이를 낳고 기력이 없어진 상태에서 돌보느라 더욱 에너지는 소진 되고 만다. 더 버틸 수 없기에 아빠의 도움은 절실하다. 아빠는 자신이 육아와 살림, 청소, 정리 등에 능숙하지 않다며 경계선을 긋고 생각하는 경향이 있다. 상황에 따라서는 아빠가 아이의 목욕시키기, 밥 먹이기 등을 잘하지 못한다는 편견이 있다. 이러한 편견을 아빠 스스로 가지기도 하지만 엄마가 미리 해 버리는 경향도 있는데 이것은 아버지가 도울 수 있는 일을 원천적으로 차단하는 것이 된다.

이 과정에서 부부 갈등이 생기고, 그 과정에서 협상과 타협점을 찾기 시작하기도 한다. 그 속에서 아기는 발달 단계에 맞춰 성장하고 부모는 내적으로 성숙하게 된다. 아이가 영아에서 유아로 자라면 아빠는 아이 돌보기가 수월해 진다. 아이가 언어적, 신체적 성장으로 말을 알아듣거나, 시작하기 때문이다. 대부분 아빠의 육아 참여는 부부 싸움과 갈등의 긴 시간이 쌓여야 만이 적극적 참여를 가져오는 결과를 낳는다고 할 수 있다.

엄마의 경우에는 어린이집을 보내면서 혼자 갖는 시간과 운동, 취미 활동을 함에 따라 육아의 힘듦과 고충을 분산시킬 수 있다. 충분한 휴식을 취하고 난 후, 어린이집에 데리러 가면 힘듦이 조금이나마 덜하다.

# 6. 경력 단절

경력 단절이 된 상태로 육아에 전념하다가 아이가 3세쯤이 되니 일하고 싶다는 마음이 생겼다. 그러나 재취업이 쉽지가 않았다. 이곳저곳을 알아보지만, 특히 시간대에 맞는 직장이 쉽지 않고, 집에서 아이만 바라보며 시간을 보냈기에 시대적 변화에 무감각해져 답답함을 느끼며 우울증이 찾아온다. 사회를 향해 내딛는 발걸음이 무겁게만 느껴진다. 직장에서 일하는데 아이가 아프거나 문제가 생기는 상황을 상상하면 다시 일을 시작하겠다는 마음이 사라지기도 한다.

경력이 단절 되어 집에서 아이만 바라보다 보니 기대치가 높아져 훗날 아이에게 집착하지 않을까 하는 우려도 된다. 아이에게도 기대치가 높은 엄마는 항상 마음이 버겁다. 이 문제의 해소 방안으로 재취업을 선택하기도 하지만 사실 자아실현이 가장 큰 목적이다. 사회의 일원으로서 개인적으로도 발전적이고 진취적인 삶을 살아야겠다는 목표 의식이 있다.

아이가 성장해서 엄마의 삶을 되짚으며 경력이 단절 되었다가도 재도전한 엄마의 모습을 높이 평가해 줄 것이다. 엄마의 도전 정신을 닮아 어디에서든 포기하지 않는 불굴의 모습을 갖게 된다. 만약 재취업에 성공해 맞벌이 부부가 된다면 아빠의 역할이 중요하다. 집안일을 함께 하는 것은 물론 육아도 공동으로 해야 한다.

특히 아빠가 늦게 퇴근을 한다면 아이와 놀아주는 시간이 상대적으로 적다. 주말만큼이라도 아이와 바깥 놀이를 가거나, 함께 놀이공원, 연날리기, 킥보드 타기, 자전거 타기 등 재미있는 활동에 적극적으로 참여하는 모습을 보인다면 엄마의 피로감을 없애 주고 아이의 신체 발달이 증진되고 아빠와의 긍정적인 유대 관계를 형성 한다는 장점이 있다.

경력 단절 상태에서는 자아실현과 입신양명에 대한 불안감이 있다면 재취업 시에는 일과 육아의 병행이라는 육체적 스트레스가 쌓일 수 있다. 따라서 엄마의 취미와 여가 생활이 필요하다. 더불어 부부가 함께 아이를 돌보고, 취미 생활까지 공유 한다면 행복감과 삶의 만족감은 높아진다.

# 7. 공감 능력 기르기


아이가 어린이집이나 유치원에서 잘 놀길 바란다면 친구의 말을 경청하고 공감하는 연습이 필요하다. 친구의 기분과 생각, 입장이 어떠한지를 알아보고, 자신이 역지사지의 마음을 알도록 집에서 연습하는 것이 필요하다. 친구의 생각과 기분을 헤아릴 줄 알고, 적절하게 대화할 줄 안다면 유대 관계가 잘 형성 되어 유치원에 가기 싫다고 하지는 않을 것이다. 아이가 장난을 치거나 수업 분위기를 흐릴 때 상대는 기분이 좋지 않을 것이고 아이를 부정적으로 생각할 것이다. 상대의 생각을 알고 반복적으로 부적절한 행동을 해서는 안 될 것이다.

아이들은 공격적인 행동, 장난을 치거나 목소리가 큰 친구나 선생님에게 위축된다. 자신이 가지고 놀 장난감이나 인형을 뺏거나 하면 내성적인 아이는 이야기도 제대로 하지 못해 힘들어 한다. 그렇기에 당당하고 적절한 어투로 자신의 마음을 잘 표현할 줄 알아야 한다. 내성적인 아이는 이 습관을 형성하기 위해 지속적으로 노력하고 부모는 아이를 믿어주고 격려 하며 든든한 지원군으로서 아이를 공감하는 모습을 보여야 한다.

특히 스스로 화가 났을 때 어떻게 해야 하는지를 알려주고, 감정을 조절하는 능력을 기르도록 한다. 충동성이 강한 아이의 경우 자신의 고집대로 밀고 나가거나 마음에 들지 않을 경우, 울거나 소리를 지르기도 한다. 이러한 아이들은 불안감이 내재되어 있어 혼내거나, 윽박지르는 것은 금물이다. 아이의 이러한 행동들을 이해하고 부모로서 받아 주어야 할 것이다. 다만 친구들 앞에서는 이러한 행동을 조심하고 감정을 조절하여 참아보라고 권유한다. 그 이유는 이 같은 행동이 반복될 시 아이를 어려워하기 때문이다.

자신의 행동에 대해 자신감이 없는 아이일 경우, 자신감을 가지도록 "다른 친구들도 선생님에게 혼나기도 해."라거나 "잘하는 것도 있고, 못 하는 것도 있어.", "아이가 할 수 없는 것은 어른들에게 부탁해 보는 것도 좋아."라고 말해 준다. 공감능력을 기르기 위해서는 먼저 친구와 지켜야 할 규칙을 잘 지키며, 새로운 환경과 만났을 때 당혹해하지 말고, 더 나아가 자신의 감정을 올바르게 표현하는 능력을 심어 주도록 한다.

# 8. 책을 이용한 놀이 활동

아이는 책을 보면서 일상생활에서 일어날 수 있는 일들을 간접 경험한다. 엄마가 읽어 주는 책은 그림까지 보면서 자연스럽게 일어난 일들을 이해하고, 언어의 문법과 미술적·예술적 교육적 내용을 습득하게 된다.

등장인물이 동물이거나 특별한 사람이나 그 외 상상의 세계에서만 볼 수 있다 하더라도 등장인물이 표현된 그림에서 표정과 몸짓을 본다면 동화책이 이해도 잘 될 뿐만 아니라, 이야기 속에 스며들어 자신의 감정을 이입하기도 좋다. 무엇보다 책은 이야기의 즐거움과 몰입, 주인공과의 행복한 상상을 하고 풍부한 감수성을 지니게 한다. 또한, 자신이 이야기 속 주인공이 되어 이들을 이해하고 내용을 유의미 하게 받아들인다.

유치원에서는 선생님이 들려주는 동화 구연이나 함께 책보기를 통해 의견을 나누어 생각의 폭을 확장하고, 슬픔, 기쁨, 행복의 감정에 함께 빠져 들어 감정을 공유하기도 한다. 또한, 책을 이용해서 엄마 혹은 또래와 이야기를 나눈다면 같은 내용으로 서로 다른 생각을 듣게 되고 이에 아이는 다양성을 이해하고 상호 작용 능력도 증진 된다.

그림책은 작가 마다 출판사 마다 각기 다양한 글씨체와 색깔, 디자인, 개성을 담아 책을 제작 한다. 그것은 유아에게 재미있는 경험이 된다. 책마다 간접적 경험의 즐거움, 타인의 삶에 대한 이해와 교훈, 감정과 느낌을 풍요롭고 다양하게 학습할 수 있다. 또한, 다양한 문화와 관습을 익힐 수 있고, 주인공의 감정과 행동에 관심을 가진다. 또 현실에서 일어날 수 없는 이야기를 접하고 새로운 세상을 경험할 수 있다.

책 읽기를 통해 발표하기, 느낌 나누기, 비슷한 경험을 이야기하기, 역할 놀이, 글자 카드 맞추기, 내용 연결하기, 이야기의 결말 도출하기, 느낌을 춤으로 나타내기, 그림으로 표현하기 등 다양한 놀이 활동과 접목할 수 있다. 역할 놀이에서는 자발성과 즉흥성을 살려 집중력, 상상력, 자신감, 창의력, 순발력을 주며, 무엇보다 몰랐던 것들을 알아가고 내면화 하여 아이는 더 지혜로워진다.

# 9. 낯선 사람에 대한 경각심

어린아이의 교육에 있어서 위험한 상황을 직접 경험하지 못하기에 적절히 대처하는 요령을 인지시켜야 한다. 긴급할 때는 112를 누르고 통화 버튼을 눌러 자신의 위급함을 알려야 한다. 열쇠 휴대 시에는 보이지 않는 곳에 잃어버리지 않도록 관리한다. 경찰서와 같은 주변의 안전한 장소, 부모님의 휴대폰 번호 등을 자주 인지시켜서 아이가 상황에 따라서 올바른 판단력으로 빠르고 안전하게 행동할 수 있도록 한다. 익숙해지도록 반복적으로 지도하는 것도 중요하다.

부모는 유아를 혼자 집에 두지 않도록 해야 하며, 만약 아이가 혼자 있을 때 낯선 사람에게 혼자 집에 있다는 것을 절대 알리지 않도록 지도해야 한다. 무엇보다 부모, 교사 외에 누구도 따라 가서는 안 된다고 지도해야 한다. 아이는 모르는 사람이더라도 엄마의 지인이라고 하거나 엄마가 너를 데리러 오라고 했다는 말에 속기도 한다. 외모로 나쁜 사람을 판단하는 경향이 있어 험상궂으면 나쁜 사람, 예쁘거나 멋지면 좋은 사람으로 인식하여 따라갈 가능성도 있다. 아이들은 낯선 이에 대한 경계가 없다. 낯선 성인이 친절하게 접근해 오면 좋은 사람으로 인식하고 쉽게 이야기 한다.

낯선 사람이 접근해 와서 길을 묻거나 도와 달라고 하더라도 절대 따라 가서는 안 된다고 인지시킨다. 이러한 것은 아이들이 타인의 숨겨진 의도를 파악할 수 있는 나이가 아니므로 낯선 사람과 마주쳤을 때 올바르게 대처할 수 있는 상황과 행동들을 지도해야 한다. 어른이 부탁하더라도 상황에 따라 거절할 수 있으며, 또 대부분 어른은 어린아이에게 모르는 것을 묻지 않는다는 사실을 알려주어야 한다.

필요한 경우에는 지나가는 어른들의 도움을 받도록 한다. 만약 억지로 데려가려 한다면 큰 소리로 "안돼요! 싫어요! 도와주세요!"라고 큰 소리로 외치도록 한다. 우리가 생각하는 것 이상으로 표면적으로 드러나지 않는 어린이를 대상으로 한 범죄가 많이 있기에 낯선 이에 대한 경각심을 늦추지 말고 지속적인 교육이 필요하다.

# 10. 창조적 미술 활동

　미술 활동은 자신의 그림을 표현하고 그것을 통해 억눌려진 스트레스를 해소 하고 창작의 기쁨을 느끼게 해 준다. 미술 교육은 미술 활동을 통해 정서적 함양을 도모 하고 문화를 풍요롭게 향유 하는 것에 중점을 둔다. 아이들은 도화지 속에 자신만의 생각으로 새로운 세상을 창조하고 그것을 표현하는 과정에서 흥미를 느끼고 심취하여 이로 인해 표현 능력이 향상된다.

　예술은 인간의 감정과 정서를 공유하고 표현하는 기회를 제공한다. 더불어 나의 감정을 여러 가지 방법으로 표현 하고 제공하고 다른 친구의 작품을 감상해 본다. 이로써 작품을 통해 서로 공감대를 형성할 수 있다. 유아는 자신이 그림을 그리고 나서 그에 따른 설명을 한다. 자신의 그림을 본 다른 사람이 의미를 부여 하거나 의견을 내기도 한다. 이 활동은 자신의 그림을 소중히 여기고 상대의 의견을 존중하는 태도를 기를 수 있다.

자신의 작품을 감상하고 생각 및 의견과 맞지 않더라도 타인은 다른 생각에서 새로운 아이디어를 도출할 수 있다. 서로 다른 의견과 감정을 결합해 새로운 결과물을 도출하고 작품에 대해 더 깊이 생각해 볼 수 있는 성찰의 시간을 갖기도 한다. 이 의견들을 종합해 자신만의 방식으로 다시 그림을 그려 볼 수 있다.

그리기에서는 동식물을 관찰하며 객관적 사실을 그릴 수 있고, 일상에서 일어나는 일들을 스스로 동기화 하여 이를 목표로 삼아 상상화를 그리기도 한다. 꾸미기나, 만들기를 통해 흥미를 유발 하고 일상 속에 적용할 수 있다. 예를 들어 비즈로 열쇠 고리 만들기, 연필꽂이 만들기 등은 자신이 만든 작품을 실생활에 활용할 수 있다. 이에 감각을 키우고 예술품을 생활에 접목하는 안목을 길러 자신의 삶에 예술적 풍요로움을 더 한다.

앞으로는 창의력이 더욱 중요시 된다. 미술 활동을 통해 다양성을 배우고 상황에 맞는 사회적 역할을 할 수 있으며, 일의 큰 밑그림을 그릴 수 있다. 또한, 정해진 정답이 없는 문제에 스스로 자연스럽게 부딪히며 주도적으로 해결해 내려는 마음가짐을 지니게 된다.

# 11. 수줍어하는 기질

　아이의 기질은 유아의 행동적 성향, 유전성에 기반을 두어 성장 하면서 특징적으로 드러난다. 부모들은 아이의 기질에 따라 양육 방식을 문제 삼아 부부간의 갈등으로 나타나기도 하며, 부부 싸움의 원인이 된다. 활동성이 강한 아이는 공격성, 충동성, 주의 집중의 부족에 문제가 발생하는 반면, 수줍음이 많은 아이는 친구와 친해지는 시간이 많이 소요되고, 먼저 다가가지 못하고, 자신감이 부족한 특징을 보인다.

　아이가 소극적인 경우, 부부는 속상한 마음에 서로의 기질 탓을 하며 발전이 없는 공방이 시작 된다. 부모의 이러한 마음은 내 아이가 활달하고 적극적인 성격으로 변모해 또래 관계가 폭 넓어졌으면 하는 소박한 바람에서 비롯된다. 특히 수줍음이 많은 아이는 어린이집, 유치원, 초등학교에 입학하거나 새로운 환경에 적응할 때 낯설다고 느껴 가기 싫다고 하거나, 스트레스를 받아 밤에 자다가 깨서 울기도 한다.

수줍음은 내 아이에게만 있는 현상이 아니므로, 감정을 잘 헤아려 주고, 공감해 준다면 자신감이 생기고 수줍음 완화에 좋다. 또한, 아이에게 선생님에게 누구나 혼날 수도, 그리고 자신도, 다른 친구들도 선생님에 혼나기도 한다는 사실을 미리 알려 준다. 친구들 앞에서 혼나는 상황을 겪을 때 수줍음이 많은 아이는 털털한 아이보다 더욱 부담을 느끼고 부끄러움을 더 크게 느낀다. 울거나 마음에 담아두는 아이들도 있다.

그럴 때 부끄러워하기 보다는 어떤 점을 잘못 했는지 깨우치고 어떠한 방법으로 고쳐나갈 것인지 답하도록 가르쳐 준다. "떠들어서 미안합니다.", "선생님, 다음부터는 조심할게요.", "다음에는 정리정돈 잘하겠습니다." 등 말하는 법을 상황에 따라 알려 준다면 아이에게 커다란 도움이 된다.

수줍음에서 비롯된 아이의 불평과 불만을 너무 민감하게 받아들여 걱정하지 않아도 된다. 수줍음이 많은 아이 부모 역시 세심한 성격의 소유자들이 많다. 그래서 걱정이 더 크게 느껴지겠지만 또래와 상호 작용에 특별한 별 문제가 없다면 따뜻한 관심과 주의만을 기울이고 지켜봐 주면 좋다.

# 12. 육아휴직

　　육아 휴직을 할 경우, 맞벌이로 비교적 여유롭게 가계를 이끌고 있다가 부모 중 한 명이 쉬게 되어 수입이 절반으로 줄어들게 된다. 육아휴직 급여로 아이를 키울 수 없어서 어쩔 수 없이 복직하는 경우가 많다. 한 명의 월급만으로 대출금이나 아이의 교육비, 생활비 등을 감당하기에는 현실적으로 만만치 않을 뿐만 아니라, 지금보다 아이가 성장 할수록 더욱 심적인 부담감이 커진다.

　　육아휴직 후 직장에 돌아갔을 때 자신의 자리에 대한 확신을 들지 않는 한 불안한 마음에 중도 복귀를 생각하는 경우가 많다. 복직 후에는 양육에 문제가 생긴다. 아이를 조부모나 베이비시터에게 맡기게 되더라도 월급을 쪼개어 비용을 주고 나면 별로 많이 남지 않는다. 생활 전반에 돈이 많이 들어가다 보니, 여성은 휴직으로 육아에 전념하고 있는 기간에도 복직을 위해 지속적인 자신의 분야를 탐구하고 노력하며, 휴직 기간 사이에 변화하는 부분에 발맞추어 늘 배우고 자기 성장을 늦추지 않는다. 어떻게든 노동 시장에 다시 복귀 하려는 마음으로 준비한다.

전업주부의 경우, 마음의 부담이 없는 것은 아니다. 살림과 육아 역시 힘들지만, 가정에서 편히 놀고 있다는 사회적 눈초리를 겪기도 하며 남편 역시 혼자 일을 한다는 점에 불평하기도 한다. 개인적으로도 아이를 더 잘 키워야 한다는 부담감이 있고, 다시 일할 수 없을 것이라는 불안감에 전전긍긍하게 된다. 직장에 다니는 엄마보다 금전적인 부분에서도 자유롭지 못해 자신의 발전에 관련된 투자는 할 수 없다.

직장에 다니는 엄마는 일이 바빠 아이에게 신경을 쓰지 못하고 미안함과 안쓰러움을 가지고 아이를 대하게 된다. 이러한 마음의 짐을 덜기 위해 물질적으로 채워주려 하고 오히려 과소비를 낳기도 한다.

일하는 여성은 사회에 진출하여 스스로 자아실현을 도모하고 더불어 일과 육아를 모두 잘하고 싶다. 아이에게 미안한 마음을 갖기보다 훌륭한 여성으로 자녀에게 본보기가 되기 위해 노력한다면 그것 역시 효과적인 교육의 한 면이다.

# 13. 저소득층 가정

저소득층 가정은 경제적 어려움을 겪고 상대적으로 사회적·문화적 박탈감을 느낀다. 이들은 본인의 가난이 아이이게 만큼은 겪지 않도록 하고 싶은 마음과 좋은 환경을 마련해주지 못해 미안한 마음을 가진다. 아이들은 부모의 장시간 노동으로 인해 혼자 방치되는 경우 사건이 발생 하거나 심리·건강상의 문제에 봉착할 가능성이 있다.

저소득층은 경제적 빈곤으로 풍요롭지 못한 생활양식, 항상 절약해야 한다는 가치관, 가난에서 벗어날 수 없다는 불안감 등에서 스트레스를 받기 때문에 아이에게 이러한 감정이 전달될 경우 자아 존중감이 떨어질 수 있다. 아이의 올바른 성장과 자존감 향상을 위한 심리 상담이나 관련 교육, 적절한 양육 방법이 필요하다. 이러한 교육이 적절히 이루어지지 않는다면 사회적 무관심과 부정적 시선으로 인해 오히려 부모에 대한 적개심, 정서적 미성숙과 불안감으로 삶에 일관성 없는 태도를 보이기도 한다.

부모는 아이와 심리적으로 깊게 공감할 시간이 비교적 적기 때문에 내면을 어루만져 주기 어렵다. 아이에 대한 훈육이 오히려 내면화 되어 오랜 갈등으로 이어지거나 체벌을 하기도 한다. 빈곤으로 인한 사회적 고립은 아이가 성장 할수록 친구와의 관계에서 소극적으로 변하고 타인과의 상호 작용 방법이 어색함으로 표출될 수 있다. 아이가 상처받지 않는 자아 성장으로 청소년기를 맞도록 유아 때부터 관심과 노력이 필요하다.

교사와 또래에서 인정받고자 하는 아이의 마음을 이해하고, 내면적 불안감을 해소하여 관계를 잘 맺게 하기 위해서는 부모는 아이에 대한 질책과 불신보다 가족의 유대감을 공고히 하여 신뢰감을 심어줄 필요가 있다. 가난은 누구의 잘못도 아니므로 위축 된다면 오히려 좋지 않다는 점을 인지시킨다. 당당하고 떳떳한 아이로 성장할 수 있도록 아이가 잘하는 부분을 적극 지지하고 응원해야 한다. 무엇보다 가족의 사랑을 받는다면 아이는 스스로 안정감을 찾아가고 부모를 이해하며 올바른 자존감을 형성할 수 있다.

# 14. 스마트폰 중독

스마트폰의 대중화는 실시간 네트워크 연결성에 의해 시·공간의 제약을 받지 않는다. 이에 언제 어디서나 아이의 관심과 호기심을 자극한다. 게임과 동영상 등은 자극적이고 일방적인 재미를 유발함으로 중독성으로 쉽게 빠져든다. 유아가 스마트폰에 노출 되면 그 시간이 점점 증가하고, 그것이 전두엽을 사용하지 않는 것으로 연결되기에 창의성이 무뎌지고 언어 습관이 잘못 형성되기도 하며 불안감과 후천적 자폐가 발생하거나 학습능력의 저하 등 심각한 문제를 일으킬 수 있다.

특히 스마트폰을 보느라 대화에 집중하지 않는 사례도 종종 경험 한다. 이미 스마트폰에 익숙한 아이는 어린이집이나 유치원에서의 활동과 교육에서 흥미가 떨어진다. 이미 자극적인 흥미 요소를 갖춘 스마트폰에 익숙해져 그것 보다 더 큰 자극적인 요소가 없으면 관심을 가지지 않게 되는 것이다.

그리고 눈으로 보는 영상에만 관심을 가지다 보니 스스로 해결하고 탐구 하는 활동과 일반적인 학습에 대한 흥미가 떨어진다. 손가락 하나로 손쉽게 조절 가능한 게임이나 영상으로 충동성이 높아지고 자기 조절 능력이 떨어지게 된다. 이는 집중력 부족을 초래 한다. 실제로 스마트폰을 지나치게 많이 본 아이는 차분하지 않다. 즉흥적이고 자극적인 요소가 없는 학습적인 부분을 지루하게 느끼고 과제를 해나감에 어려움이 생긴다. 또한, 가까운 것을 오랜 시간 보게 되어 근시를 유발하고 전자파와 블루라이트로 인해 눈 건강이 나빠진다.

스마트폰에 중독된 아이들은 자유 시간을 주더라도 즐겁게 노는 방법을 모르고 상호 소통적인 대화를 나누기에도 어색해한다. 어린 시절에는 절제력이 부족하므로 부모의 개입이 필요하다. 사용 습관과 시간에 관심과 지도가 필요하다. 해야 할 일을 모두 끝내고 스마트폰을 할 수 있도록 하며 시간은 20분으로 하고 10분 쉬는 방법으로 일정하게 정해두고 하도록 한다. 혼자 밥을 먹을 수 있다면 식당에서도 식사 하는 것에만 집중하도록 한다. 스마트폰 보다 아이가 성장하며 해야 할 실제적인 활동들이 많고 그것에서 즐거움을 찾아야 할 것이다.

# 15. 정리정돈을 하지 않을 때

오늘날은 가정 내, 장난감이나 교구 등이 충분히 주어지는 편이다. 자유로이 놀다가 마지막에 힘든 정리는 회피 하고자 한다. 그러나 가지고 놀았으면 반드시 정리하는 습관을 어린 시절부터 형성하도록 지도해 주어야 한다. 유아 교육기관에서 들려주는 정리정돈 노래를 틀어주면서 자연스럽게 가정 내에서도 정리정돈을 할 수 있도록 한다.

아이가 한글을 모르는 경우 장난감을 담아둘 바구니나 정리함에 그림이나 사진을 붙여 그것을 보고 스스로 본래 위치한 곳에 담아 두도록 해야 한다. 정리는 바구니나 상자 형식으로 된 것이 좋으며 아이의 손이 쉽게 닿는 낮은 교구장을 두는 것이 바람직하다. 아이가 정리하기 쉬운 환경이 조성 되어야 스스로 정리 하는 습관을 형성할 수 있다. 또한, 아이는 부모의 행동을 모방하는 성향을 지닌다. 아이 앞에서 정리정돈을 함께 하는 모습을 보여주는 것으로도 많은 도움이 될 것이다.

어린 시절의 정리정돈 습관은 성인이 되어서도 영향을 미친다. 성인임에도 집안을 치우지 않아 너저분한 상태에서 생활하기도 하고 정리정돈이 제대로 되지 않아 물건이 어디 있는지 제대로 모르고 다시 구입하는 경우도 있다. 이렇듯 쾌적하지 못한 삶을 보내지만, 정리정돈을 하지 않는 이유는 어린 시절부터 습관화 되지 않아 매우 어렵고 힘든 일이라 여기기 때문이다.

어떤 경우 정리를 극도로 싫어하는 아이도 있다. 예를 들어 장난감을 가지고 놀다가 원 위치에 정리하는 것에 극도의 상실감을 느끼는 경우이다. 예민한 기질의 아이이므로 억지로 치우려 할 필요는 없다. 이유는 본인이 가지고 놀았던 모습들이 흐트러지는 것이 불안하며 장난감을 가지고 논 시간과 좋았던 감정들이 정리를 통해 한순간 사라진다고 생각하기 때문이다. 정리정돈이 귀찮아서가 아닌, 싫어하고 고통스러워한다면 주위를 정리할 때 잘 지켜보아야 할 것이다. 이러한 성향의 아이는 의견을 물어보고 단계를 가지고 아주 조금씩 정리를 하도록 한다. 이 과정에서 정리정돈을 해야만 하는 이유를 천천히 일깨워 주어야 한다.

# 16. 놀이터에만 있으려 할 때

 

 

놀이터는 아이들에게 천국이라 할 수 있는 곳이다. 유치원이나 어린이집에 가지 않으려 하거나 외출을 하지 않으려 할 때도 놀이터에 가자고 회유 하면 쉽사리 따라 나선다. 그러나 아이는 오직 놀이터에서만 오랜 시간을 보내려 한다. 함께 놀이터에서 놀아 주는 부모는 육체적으로 힘들며 시간상 다음 일정에 차질이 생기므로 너무 오랜 시간 놀이터에서 노는 것을 반기지는 않는다. 놀이터에서 집으로 가자고 하면 아이는 크게 실망하며 상실감을 느낀다.

엄마는 마음이 조급한데 아이는 놀이터에서 더 놀겠다고 울거나 떼를 쓰기도 한다. 이러한 모습을 함께 놀이터에서 놀던 친구들에게 자주 보이는 것도 좋지 않다. 친구들도 당황하고 부담을 느낀다. 이러한 행동을 자주 보이면 친구들에게 부정적인 인식이 쌓이고, 놀이터에 나온 다른 부모들에게도 잘 울고 떼를 쓰는 아이로 생각되어 이 상황 자체가 엄마는 괜히 부끄러운 마음이 든다.

아이는 놀이터를 너무 좋아하지만, 시간 감각을 일깨워 주고 놀이터에만 있을 수 없고 가기 싫어도 가야 하는 곳에 관한 설명도 해준다. 먼저 놀이터에서 놀이가 시작될 때 시계를 보여주며 긴 바늘이 4까지 가는 시간 동안까지 놀자(예를 들어 20분 정도)고 하거나 휴대폰으로 현재 시각을 알려 주며 언제까지 놀 것인지 미리 약속하는 것이 서로에게 유익하다. 왜 시간을 정해 두고 놀아야 하는지 구체적으로 설명을 겸하면 좋다. 시간은 한정적이며 해야 할 일의 시간은 정해져 있다는 사실을 알게 해 준다.

그리고 놀이터가 정말 재미있는 곳이지만 유치원에 가야 할 시간이 되면 빨리 가자고 아이에게 화를 내거나 강제로 데려가서는 안 된다. 이러한 부모의 행동은 아이를 더 고집스럽게 만들게 된다. 유치원은 친구들을 만나고 여러 가지를 배울 수 있다고 설명해 준다. 그리고 더 멋지고 대단한 아이가 될 것이라는 희망을 심어 준다. 아이는 유치원에 가기 싫지만 결국 유치원에 가게 된다. 당연히 가야 할 곳이지만 유치원으로 발걸음이 향하는 아이에게 충분한 칭찬을 해 준다. 칭찬에 힘입은 아이는 놀이터와의 분리가 서서히 좋아지게 된다.

# 17. 미용실에 가지 않으려 할 때

아이에게 미용실에 가지 않으려는 이유를 물어본 적 있다. 아이는 머리카락이 가위에 잘리면 아플까 봐 그렇다고 답한다. 어린아이의 대답은 순수하고도 귀엽다. 머리카락이 잘리더라도 아프지 않다고 알고 있더라도 미용실에 가기 싫어하는 아이가 많다. 조용히 앉아서 머리카락을 자르는 그 시간이 너무 어색해서 두렵기도 하고 가위가 무섭거나 바리깡의 소리가 적응하기 힘들 수 있다. 또한, 스타일의 변화를 싫어하거나 가만히 앉아 있는 것 자체를 싫어하는 아이도 있다. 이유는 각양각색이다. 그래서 요즘 아이들 눈높이에 맞는 유아 전용 미용실이 있다.

아이에게 지루하지 않게 영상을 보여 주거나 미용 의자 역시 아이의 눈높이에 맞춰 여자아이가 좋아하는 귀엽고 예쁜 장난감 모양이나 남자아이가 좋아하는 자동차로 구성되어 있다. 아이는 미용실을 놀이터처럼 즐거운 곳으로 인식 하도록 한다. 머리카락을 자르는 동안 좋아하는 장난감을 가지고 놀도록 하고 집중을 분산시킨다. 아이는 자연스레 장난감에 더 집중하게 된다. 어느덧 미용이 끝나면 변한 모습을 어색해 하기도 하고 스스로 미용하는 동안 잘 참아 냈다는 사실에 자부심을 느낀다. 변화한 아이의 모습에 귀엽다. 멋지다 혹은 예쁘다는 칭찬을 아낌없이 해 준다. 아이는 겸연쩍어 하면서도 내심 좋아할 것이다.

그리고 미용실을 가지 않았던 궁극적 원인에 대해 알아보고 머리카락을 자르는 동안 장난감에 집중하며 느낌이 어떠했는지 다시금 물어본다. 아이는 이제 괜찮은 것 같다는 대답을 한다. 또 생각하는 만큼 미용실에 가는 일이 불편하거나 무서운 것이 아니라는 것을 느낀다. 아이의 감정과 관심사에 맞춰 준다면 점차 미용실에 잘 가게 된다.

그러나 부모의 끊임없는 노력에도 불구하고 끝까지 미용실을 가지 않겠다고 한다면 당분간 미용실을 가지 않는다. 미용실이 무서운 곳이라 느끼거나 트라우마가 생길 수 있기 때문이다. 여아는 머리카락을 기르고 남아도 보편적이지 않지만, 기르도록 하여 아이 스스로 불편함을 느끼고 자르고 싶다고 할 때까지 기다려 준다.

# 18. 시도 때도 없이 울 때

　가끔 시 공간을 가리지 않고 아이가 울 때가 있다. 두 가지 경우가 있는데 단순 고집과 정말 아파서 우는 경우이다. 단순히 고집을 부리기 위해 우는 것이라면 적정한 선에서 반응하지 않는 것이 최선이다. 우는 것에 반응한다면 울어서 관심을 얻고자 하는 아이의 행동이 더 심해지고 계속된다. 아이가 심하게 운다면 그 이유를 명확히 물어보고 파악하는 것이 중요하다. 아파서 우는 것이라면 부모의 선에서 해결할 수 없다.

　배가 아프거나 목이나 귀 등은 보이지 않는 부분이기에 간과할 가능성이 크다. 아파서 심하게 우는 경우라면 반드시 병원을 내원 할 필요가 있다. 자칫 심각한 상황일 경우 골든타임을 놓치면 돌이킬 수 없다. 아이가 울 수도 있다는 보편적인 전제가 있어 대수롭지 않게 넘길 가능성이 있다. 아이가 울 때 주의 깊게 관찰해야 하는 이유이다.

울음 자체가 부정적인 것은 아니다. 우는 행위를 통해 불만을 표출하고 내면의 감정을 씻어내듯 정화 한다. 영아기 시기는 울음으로 의사소통을 표현 하고자 한다. 배고픔, 아픔, 졸림, 배변 등을 울음으로 나타낸다. 아이가 울음으로서 감정을 알아채고 원하는 것을 해 줄 수 있다. 그러나 아이가 조금 더 자란다면 시도 때도 없이 우는 행동이 부모에게 걱정으로 다가온다.

아이가 원하는 것을 얻고자 울 때는 다 울 때까지 기다린다. 울어도 원하는 것을 해주지 않으면 떼를 쓰며 더 크게 운다. 그렇다 할지라도 원하는 것을 해줘서는 안 된다. 우느라 에너지를 소진한 아이는 비로소 울음을 멈춘다. 앞으로 울더라도 원하는 것을 해 주지 않을 것이며 안 되는 것은 울더라도 안 된다는 일관적인 양육 태도를 보이는 것이 바람직하다.

그러나 아이가 원하는 것이 있으면 곧바로 들어주는 부모들이 많다. 이 때문에 아이의 인내심이 낮아진다. 울거나 떼를 쓰면 마지못해 아이가 원하는 바를 해주게 된다. 이 같은 습관이 반복 되면 아이는 울거나 떼를 쓰는 습관이 더욱 악화가 된다. 원하는 것을 해주지 못하는 타당한 이유를 말하며 이성적으로 안 된다고 단호히 말해야 한다.

# 19. 형이나 누나(오빠나 언니)와
## 놀고자 할 때

아이들은 어리거나 동갑보다 본인보다 나이가 많은 아이들과 놀기를 희망 한다. 이유를 물어보면 아이들의 시각에서 어리거나 동갑은 시시하다고 여겨지며 나이가 많은 경우가 멋있고 매력적으로 느껴 더 좋아 보이는 경향이 있다. 부모 역시 나이가 많은 아이들과 놀면 배울 점이 더 많을 것으로 생각해 적극 놀이에 참여 하도록 권한다. 반면 본인보다 어린아이랑 놀면 수준이 낮아진다는 생각에 "너는 왜 너보다 어린 아이랑 노니?" 하며 속상해 하는 부모도 있다.

그러나 장단점이 있다. 나이가 많으면 거친 아이들은 선망의 대상이고 특히 멋있다고 여긴다. 이러한 모습을 동경하고 닮고 싶어 한다. 이들은 동생들을 동등한 입장에서 대하지 않는다. 데리고 다니며 어려서 더 잘 대해 줄 수 있지만, 만만하게 여기기도 하여 함부로 대하는 경우가 있다. 소위 말해 치이기도 하는데 거기에 상처 입지 않을 아이의 대범함도 필요하다. 또한, 좋지 못한 언어 습관과 행동을 모방하기도 한다. 그때가 되어서야 부모는 나이가 많은 아이와 노는 것의 단점을 알게 된다.

나이가 많은 아이들의 거친 모습을 멋있다고 생각하는 것은 자연스러운 현상이다. 그러나 자신의 할 일을 묵묵히 해내는 성실함도 멋진 모습이라는 것을 가르쳐 준다. 스스로 기준에서 멋진 아이를 보고 의기소침한 이들이 많다. 아이의 장점을 말해주며 너도 멋있는 아이라는 자신감을 심어 주도록 한다.

아이는 오히려 어리거나 동갑일 경우 리더십을 발휘하고 사회성을 형성하기 적합하다. 나이가 같은 친구들과 발달의 정도가 비슷하여 문제가 생기거나 갈등 상황에서도 동등한 입장에서 자신의 의견을 피력하기 적합하다. 함께 어울리며 동질감을 찾으며 우정을 쌓아 가기도 좋다. 자신과 비슷한 생각을 지니고 있어 함께 함에 즐거움을 느낀다.

자신보다 어린아이와 놀아야 할 때도 있다. 예를 들어 가족 모임에서 다른 가족의 자녀가 더 어릴 경우이다. 어린 동생의 미숙한 행동을 이해하도록 해야 하며 아이도 이 같은 어린 시절이 있었음을 일러주고 배려심을 갖고 대해 주도록 한다.

# 20. 아파트에서 뛰어다닐 때

　오늘날 아파트 주거가 늘어나며 층간 소음으로 인한 문제가 대두되고 있다. 근본적으로 방음이 잘되게 아파트를 튼튼하게 짓는 것이 가장 중요하다. 그렇다 해도 약간의 생활소음은 발생할 것이다. 외부에서 발생하는 소음은 창문을 닫으면 다소 해소되지만, 발소리와 문소리와 같은 부분은 조심하는 것 외에 방법이 없다. 아이에게 뛰어다니지 못하게 하고 아래층에도 양해를 구하는 방법을 대부분 모색 한다.

　아래층 집에서 배려해 준다면 마음이 놓이지만, 배려를 강요할 수 없다. 때로는 아주 예민한 아래층 거주자로 인해 스트레스를 받는 경우가 부지기수이다. 아래층이 야속하겠지만 아이에게 집안에서는 뛰지 않도록 생활 예절을 가르치는 것이 가장 우선적이다. 아이는 어려서 절제력이 부족하므로 알고도 실천이 되지 않는다. 본인도 인지하지 못하는 사이 뛸 수도 있다. 조용히 다니는 습관이 생활화가 되도록 계속적 주의가 필요하다.

아이가 뛰어다니지 않더라도 층간 소음매트를 구매하거나 시공을 하는 것이 바람직하다. 어른들은 쿠션이 푹신한 실내화를 신고 생활하도록 한다. 의자에는 소음방지 커버를 씌워 최대한 소리가 나지 않도록 해야 한다. 세탁과 같이 소음이 발생하는 집안일은 저녁 이후에 하지 않는다.

아이들은 많이 뛰지 않는데 아래층에서 민원이 들어오면 꾸중을 들을 생각에 억울해 한다. 아이들에게 우리 집의 바닥은 아래층의 천장이라는 점을 인지시키고 걷거나 뛰는 소리가 잘 들리며 소음으로 인해 집중이 어렵거나 잠을 못 자는 일도 발생한다고 구체적으로 이야기해 준다.

에너지가 많은 아이를 집에 데리고 있으면 부모 역시 힘들다. 신체 활동을 통해 발달을 증진하고 스트레스를 해소할 기회가 있어야 할 아이들도 답답하기만 할 것이다. 이러한 활동들은 야외를 이용한다. 바깥에서 소리를 지르기도 하고 원 없이 뛰어다니기도 하며 집안에서 하지 못했던 신체 활동들을 함께 해 준다. 대신 집안에서는 뛰지 않고 조심스레 걸어 다닐 것을 반드시 약속 한다.

# 21. 새로운 환경을 맞을 때

변화를 좋아해서 새로운 환경에 적응력이 높은 아이도 있는가
하면 소극적이고 예민하여 변화에 민감한 아이들도 있다. 변화에
적응을 잘하는 아이라면 문제가 없겠지만 후자의 경우 본인과 부
모 모두에게 스트레스로 작용 된다. 부작용으로 불안함이 동반되
어 손톱을 뜯거나 틱장애가 발생하기도 한다. 적응이 힘들다는
증거이다. 예를 들어 유치원에 입학해 환경이 새롭게 느껴지면
유치원에 가지 않겠다고 거부하기도 한다. 동생이 태어나 환경이
바뀌면 동생이 없었으면 좋겠다는 이야기를 하기도 한다.

부모로서 아이가 새로운 환경에 편해지도록 기다리며 마음의
안정감을 되찾도록 천천히 함께 노력해야 한다. 이러한 변화는
당연하다고 말해주며 누구나 겪는 일이므로 반드시 너도 잘 할

수 있을 것이라는 응원을 해 준다. 아이에게 불편한 점이 있는지 물어보고 그 불편함의 이유도 생각해 보도록 하여 적극적인 해결방안을 모색해야 한다.

다만 변화가 두렵다고 해서 특별한 문제가 있지 않은 이상 다시 예전으로 돌아가는 것은 금물이다. 유치원 입학 후 적응이 힘들어 졸업했던 어린이집 5세 반으로 옮기는 것은 안 된다는 의미이다. 이는 변화에 적응하지 않는 습관을 더 고치기 어렵게 만든다. 변화가 두려우면 다시 제자리로 돌아갈 방법이 있다고 생각하기 때문이다.

변화는 우리 삶에서 반복적으로 겪어야 하는 삶의 과제이다. 어린이집을 졸업하면 유치원이라는 새로운 환경을, 유치원을 졸업하면 또 초등학교라는 새로운 환경을 맞아야만 한다. 어른이 되어서도 학업을 끝내면 직장이라는 새로운 환경을 맞이하고 이직을 할 때 또 다른 직장이라는 새로운 환경을 맞는다. 어린 시절부터 변화에 대해 유연한 습관을 형성하도록 해야 한다.

우리는 이러한 삶의 변화를 통해 더 많은 것을 배우고 성장하고 발전하게 된다는 것을 알려준다. 더 멋진 아이로 자라기 위함이며 이제 아기가 아닌 형(언니)가 되는 것이라고 가르쳐 준다. 변화를 겪으며 흐트러진 감정들을 정리하고 적응해가며 아이는 조금씩 성숙해진다.

# 22. 부모의 도움만 받고자 할 때

아이들은 생각보다 직관이 발달 되어 본인이 스스로 하는 것보다 부모가 도와주는 것이 훨씬 편하고 좋다는 것을 인지하고 있다. 부모가 해주는 것보다 스스로 무언가를 하는 것이 힘들고 어설프다는 것을 알고 있다는 뜻이다. 그러나 도전하고 해냄으로써 작은 일이라도 의욕을 고취하고 성취감을 느낄 수 있도록 격려하는 것이 중요하다.

예를 들어 스스로 밥을 먹지 않는 아이에게 한 번이라도 혼자 먹을 수 있도록 한다. 속도가 느리고 음식물을 많이 흘리더라도 스스로 먹을 수 있도록 인내심으로 가지고 기다려 준다. 여기저기 묻히거나 지저분하게 먹더라도 상관없다. 처음부터 잘하는 아이는 없다. 이러한 시행착오를 겪으며 식사 습관이 형성

되어 간다. 비로소 식사를 스스로 끝내면 거기에 적합한 보상을 해주거나 크게 칭찬을 해 준다. 부모가 도와주지 않더라도 혼자서도 잘 할 수 있는 멋있는 아이라는 것을 말해주며 자존감을 높여 주도록 한다. 아이는 부모의 칭찬에 부응하기 위해 더 열심히 하고자 노력할 것이다.

다만 부모가 기다리지 못하거나 스스로 하는 모습이 견딜 수 없이 답답할 것이다. 부모는 이 고비를 참고 넘겨야 한다. 아이 스스로가 의욕이 없어 부모에게 해 달라는 경우도 있다. "엄마가 해줘!"라는 소리를 달고 사는 아이들은 자신이 하지 않으면 언젠가 부모가 해 줄 것이라 막연히 기대 한다. 밥을 스스로 먹도록 기다려주어도 끝까지 혼자 먹지 않는다. 부모는 아이가 굶을까 봐 어쩔 수 없이 떠 먹여 준다. 부모가 대신한 아이의 과업은 발달의 지연이라는 결과로 나타난다. 따라서 밥을 스스로 먹지 않는다면 마음이 아프지만, 끝까지 먹여주지 않는다. 엄마도 먹여주지 않는다는 것을 몇 번 경험하고 나면 못마땅해 하면서도 스스로 먹기를 시도할 것이다. 이러한 시도는 상당히 유의미하다.

아이가 하는 행동이 비록 비효율적이더라도 발전하기 위한 과정이라 생각하고 스스로 할 수 있는 행동을 반복하도록 하고 숙달되게 해야 한다.

# Ⅵ. 생활교육

# 1. 게으름과 정리정돈

게으름과 정리정돈은 별개의 문제지만 함께 다루고자 한다. 게으른 아이들은 선천적인 성향일 가능성이 크지만, 충분히 개선의 여지가 있다. 이들은 아침에 늦게 일어나고 활동이나 학습에 있어 항상 느리게 행동하거나 식사 시간에 가장 늦게 먹는 태도를 보인다. 이것은 나쁘다고 볼 수 없다. 본인이 가진 역량을 다하고 있으나 체력과 민첩성이 부족할 뿐이다.

다소 이르다고 생각될 수 있겠지만 밤 9시만 되면 모두 불을 끄고 잠을 자도록 한다. 잠을 충분히 잔다면 아침에도 일찍 일어날 것이다. 늦게 잔다면 당연히 늦게 일어나게 될 것이다. 그러나 일어나는 시각은 정해져 있어 수면이 부족한 상태에서 종일 생활하다 보면 피로가 누적되어 더욱 게으르게 행동할 수밖에 없다. 수면 습관이 개선되면 나머지는 부차적인 일이다. 부모의 지도로 연습을 통해 단체 생활에서 불편함이 없도록 꾸준한 연습이 수반 되어야 한다.

정리정돈을 잘하지 않는 아이의 경우 부모가 답답해서 아이가 해야 할 정리를 대신해 주는 경우와 아이 스스로가 어떻게 정리를 해야 할지 몰라서 하지 않는 경우가 있다. 전자의 경우 답답하더라도 아이가 스스로 할 수 있도록 충분히 기다려 준다. 계속 부모가 정리를 해주다 보면 정리정돈을 더 어려워하는 아이로 성장하게 된다. 아이가 부족하고 어설프더라도 스스로 하는 습관이 중요 하다.

어떻게 정리정돈을 해야 할지 모르는 경우 어디에 무엇을 정리해야 하는지 그림 혹은 사진으로 수납 바구니에 붙여둔다. 이 시기의 아이들은 한글을 모르는 경우도 많으므로 실물과 가까운 이미지가 필요하다. 수납 바구니는 아이들이 정리해서 스스로 넣을 수 있도록 바구니를 넣는 교구장이 낮아야 한다.

각 교육기관에서는 정리정돈을 잘 하지만 가정에서는 하지 않는 아이들도 있다. 게으름 역시 원에서는 게으름을 피우지 않지만, 가정에서 나태해지는 아이도 있다. 유치원이나 어린이집에서 들려주는 정리정돈 노래를 틀어주며 비슷한 환경을 만들어준다. 교육기관과 가정에서 아이의 배움은 연결 되어야 한다.

## 2. 단체 활동

　어린이집을 시작으로 아이들은 사회 생활의 첫발을 내딛는 단체 활동이 시작된다. 인지능력이 발달하는 영유아기에 어린이집은 가정과 다름을 알고 낯선 환경이라 받아들인다. 아이들은 어른이 제공하는 환경에서 생활할 수밖에 없고 본인의 선택과 관계없이 단체 활동을 하게 된다. 따라서 새로움은 곧 두려움으로 작용 될 수 있다. 그러나 이를 극복하면서 아이들은 한 단계 성장하게 된다.

　처음 어린이집을 보낼 때 주 양육자와 떨어져 있다는 상황 자체만으로 엄청난 두려움이다. 따라서 처음에는 30분 혹은 한 시간만 어린이집에 머물다 온다. 어린이집에서 시간을 보내다 보면 끝나고 엄마가 데리러 온다는 사실을 알게 되고 좀 더 편안히 적응할 수 있다. 적응이 시작 되면 2시간, 3시간 차츰 시간을 늘린다. 어린이집이 또래들과 함께 해서 재미있는 곳이라는 것을 알게 되면 아이들은 더 즐겁게 생활할 수 있다. 그것을 깨닫기 전에는 경직되어 있을 수밖에 없다. 어린이집에서는 선생님의 지도하여 단체생활을 하게 되고 단계에 맞는 사회성이 발달 된다.

5-7세는 선택적으로 유치원을 입학한다. 유치원 입학은 어린이집에서 이미 겪었던 새로운 환경에서 적응하듯 더 빠른 속도로 적응할 수 있다. 어린이집에서 유치원으로 갈 때 기저귀를 떼야 한다. 자연스럽게 떼도록 두는 부모도 있지만, 어린이집과 달리 개개인의 기저귀를 갈아 줄 수 없다. 보통 3세를 전후로 기저귀를 떼지만 개인차가 있어 유치원에 갈 때까지 떼지 않는 아이도 있기 때문이다.

어린이집 졸업 후 유치원 생활은 또 다른 환경이다. 다른 점은 단체 활동이 더 많아지고 낮잠 시간이 없다. 또래 집단이 형성되는 시기이므로 이 시기의 활동은 매우 중요하다. 친구 관계를 맺고 유대감을 형성하는 능력을 기를 수 있다. 학기 초에는 새로운 친구들을 만나고 조용히 탐색하는 시간을 갖는다. 친구들의 특성을 알고 편해지면 아이들은 좀 더 자유로워지고 장난도 치며 활발한 활동을 하게 된다.

# 3. 명절

  설, 추석, 단오, 정월 대보름 등 아이들에게는 명절이 추상적
개념이다. 명절에 먹는 음식과 고유 옷차림인 한복, 절하는 방
법 등 구체화 된 개념부터 알려주는 것이 중요하다. 명절의 유
래나 사상적이고 개념적으로 접근할 때 아이들은 어려워할 수
있다. 이러한 추상적이고 이론적 내용은 초등학교 입학 후 알려
주어도 무방하다. 명절을 즐겁게 보내고 우리 전통 세시 풍속으
로서 뜻 깊게 받아들이도록 하는 것이 중요하다.

  명절에 대한 다양한 놀이나 교육 활동은 아이들에게 조상의
지혜를 알고 우리 문화에 자부심을 가지는 긍정적 활동으로 작
용한다. 새해에 대한 희망과 기대로 맞이하는 설날에는 가족과
친척들이 모여 윷놀이나 새해 카드를 만들기도 하고 한복을 입

고 순서와 예의에 맞게 절을 하는 것을 배우기도 한다. 명절을 맞이해 각 교육기관에서 한복을 입고 오도록 한다. 시각적으로 특징이 나타나는 한복을 단체로 착용함으로써 명절을 더 실감 나게 받아들인다.

가을이 되면 추석에 대해 배우게 된다. 수확의 기쁨을 즐긴다는 의미에서 서양의 추수감사절과 같은 의미를 지닌다. 세계의 보편성 속에서 한국만의 특징을 배우는 계기가 된다. 아이들과 추석을 맞이해 주로 할 수 있는 활동은 클레이로 송편 빚기, 한복을 입고 강강술래 체험하기 등을 해 볼 수 있다.

아이들에게 익숙지 않으나 큰 보름달이 뜨는 정월 대보름과 양기가 가장 많다는 음력 5월 5일 단오도 우리 고유의 명절이다. 부채 만들어 선물하기, 씨름, 그네타기, 창포로 머리 감기 등은 단오의 대표적인 풍습이다. 정월 대보름에는 쥐불놀이, 부럼 깨기, 오곡밥 먹기 등을 체험할 수 있으며 이러한 경험은 아이들이 한국의 문화를 아끼고 사랑하는 자양분이 된다.

명절을 맞아 가정에서 할 수 있는 몇 가지 활동을 소개해 보았다. 직접적인 체험을 통해서 명절을 유의미하게 느끼고 우리 고유문화를 올바르게 받아들이고 더 나아가 그 유래와 의미를 자세히 알게 될 때 경험 학습으로 받아들인 부분들과 접목해서 한국의 명절 문화를 더 쉽게 이해할 수 있다.

# 4. 모래 놀이

바닷가가 가까이 있는 지역이라면 모래 놀이가 자연스럽지만, 도심지에서 모래 놀이는 옷과 몸에 먼지만 쌓이는 놀이 활동으로 인식하는 부모가 많다. 모래에 반려동물의 배설물이 묻어있을 수 있고, 모래 놀이 후 아이들이 집으로 들어오며 옷과 신발, 손과 얼굴 등에 모래와 진흙을 묻히고 오는 경우가 많기 때문이다. 또한, 손을 깨끗이 씻지 않아 손톱 밑에 흙이 씻겨지지 않고 장염을 유발하기도 한다. 따라서 모래 놀이가 끝난 후 깨끗이 씻고 옷을 갈아입도록 한다.

모래 놀이는 자연의 한 부분으로서 아이들이 물성 자체에 편안함을 느끼고 다양한 굵기의 알갱이 차체로도 촉감을 느끼기에 잡념이 없어지고 스트레스를 해소한다. 더욱이 물과 결합하여 다양한 모양을 만들어 나가며 아이들은 흥미를 느끼고 창의력과 소 근육 발달에도 영향을 미친다. 손등 위에 두꺼비 집을 튼튼하게 만들어 손을 뺀 다음 물길을 만들기도 하고 모래로 동그란 모양을 빚어 놓기도 한다. 시간 가는 줄 모르고 즐기며 상상의 세계를 구축한다. 나뭇가지나 돌과 같은 자연물을 놀이에 활용하기도 한다.

모래를 잔뜩 묻히고 들어온 아이의 모습을 보고 부모는 어떻게 빨래와 청소를 할지 걱정이 앞선다. 요즘은 손에 묻지 않고 먼지가 날리지 않으면서 가정에서 할 수 있는 모래 놀이 교구가 있다. 정리정돈도 손쉽다. 실내에서 할 수 있으므로 날씨의 영향도 받지 않는다. 물론 이 역시 완벽히 청소가 쉽다는 것은 아니다. 가지고 놀다 보면 집안 여기저기 흘리거나 가구 틈 등에 끼이게 된다. 그러나 기존 모래에 대체할 다양한 장점을 지닌다. 여러 가지 틀을 활용한 찍기 놀이, 실제 모래보다 점성이 더해 다양한 모양 빚기가 가능하다.

대부분 아이는 놀이터에서는 모래 놀이로 그저 신난다. 모래를 보면 즐거운 마음에 털썩 자리 잡고 주저앉는다. 모래성 쌓기, 장난감 모래에 파묻기, 개미 관찰하기 등으로 진지하게 몰입한다. 이러한 경험들은 아이에게 추억을 남겨준다. 엄마도 마음껏 즐기도록 격려해 준다.

# 5. 강박적 아이

한 가지에 집착하거나 반복적인 행동, 언어를 일삼는 강박적인 아이가 있다. 숫자에 집착하는 아이, 공룡에 집착하는 아이, 한자에 집착하는 아이, 사물을 자신만의 패턴으로 나열하기, 청결에 대한 집착과 강박 등 그 대상도 다양하다. 강박의 원인은 유전이나 해소 되지 못한 불안감, 긴장감에 기인 한다. 아이는 마음의 안정을 얻고자 집착을 하거나 반복된 행동을 하는 것이다. 부모가 하지 말라고 해도 그러한 행동이 편하고 좋다고 하며 잘 고쳐지지 않는다. 부모 역시 아이의 이러한 행동을 보면 몹시 마음이 아프다.

이러한 강박적 아이들은 좋아하는 것에 고도로 집중하고 탐구 정신이 강하며 꼼꼼 하다는 장점이 있다. 올바르게 성장 한다면 한 분야의 전문적인 훌륭한 인재로 자랄 수 있겠지만 사회생활이 힘들거나 정도를 넘어선 강박은 전문기관의 상담을 받아보는 것이 좋다. 강박으로 부모가 감당하기 힘들거나 아이 자신도 지적을 많이 받을 경우, 강박의 정도가 높다고 할 수 있다. 전문 상담으로 받고 상태가 호전될 가능성이 있다.

강박에 문제가 없더라도 의심이 된다면 일단 상담을 하고, 이를 통해 문제가 없음을 확인하도록 한다. 문제가 없다는 것을 알게 되면 부모도 안심이 된다. 아이의 정서적 상담을 받는다는 사회적 인식 자체가 부모를 힘들게 한다. 그래서 괜찮아지기를 기다리다가 정도가 심해지거나 시기를 놓치기도 한다. 적절한 시기에 치료가 이루어지지 못하면 성인 강박으로 이어질 가능성이 크다. 오늘날 문제로 대두되는 저장 강박도 우리 주위에서 흔히 볼 수 있다.

이러한 강박적 아이를 나무라거나 혼내는 것은 역효과 이다. 꾸짖는다고 고쳐지지 않을 뿐더러 아이의 잘못이 아니기 때문이다. 오히려 마음의 커다란 상처가 될 수 있다. 아이를 있는 그대로 받아들이되 전문가의 개입이 필요한 경우 시기가 늦어지지 않게 해 주어야 한다. 다만 강박적 행동이 강화되지 않도록 아이를 사랑하는 마음으로 인내심을 가지고 이해하고 보듬어주는 정서적인 역할은 부모의 몫이다.

# 6. 너무 순한 아이

까다로운 아이를 키우다 보면 힘들고 지쳐서 순한 아이가 부러울 때가 있다. 그러나 아이가 지나치게 온순한 것도 문제가 될 수 있다. 갓난아이를 키우는 부모가 있었다. 자신의 아이가 순하다고 생각하고 있었다. 생김 역시 너무 귀여웠는데 뭔가 이상함을 감지했다. 귀여워서 손바닥을 만졌는데 영아기의 무의식적 반사 행동인 잡기 반사(Grasping Reflex)가 나타나지 않았다. 순한 아이가 아닌 발달이 지연된 경우였다.

부모가 생각하는 대로 온순하고 착실한 아이도 있다. 그렇게 바르고 온순하게 자라는 아이를 덕목으로 삼는 경우가 많다. 순한 아이는 부모를 힘들게 하지 않는다고 생각하여 걱정거리 없는 자녀로 인식되곤 한다. 즉, 긍정적인 온순함은 걱정의 여지가 없다. 그러나 단편적인 경우지만 너무 순한 아이는 내면에 풀리지 않는 고통과 응어리가 있을 수 있고, 자신감이 부족하거나 감추고 싶은 것이 있는 상태일 수 있다. 여러 가지 이유가 있을 수 있으니 각자에게 맞는 피드백이 필요하고 우선 아이를 정확하게 파악하는 것이 가장 중요하다.

내면의 응어리가 분출될 수 있도록 가작화 놀이나 역할 놀이를 통해 아이를 이해한다. 이러한 놀이에는 아이의 감정이 곳곳에 묻어난다. 자신의 감정을 말하지 않는 아이도 평소 어떤 생각과 감정을 가졌는지 이야기로서 표현하지 않더라도 놀이를 통한 간접적인 표현으로 아이를 이해할 수 있다. 마음속에 억눌려 있던 감정들을 해소하기 위해 마음대로 하더라도 괜찮다는 것을 느끼도록 한다.

이후 아이가 감정을 표출하고 편하게 행동하는 것에 적극 지지하고 자유로운 행동에 대해 눈치 보거나 주눅 들지 않도록 한다. 현재 보다 더 많은 자유를 허용해 준다. 순한 아이 특성상 양보와 배려심이 지나치게 깊다. 자신도 힘들지만 이미 그것이 더 편하다고 생각해 본인이 손해를 보면서도 상대를 우선 생각한다. 아이에게 타인 보다 자신이 중심이며 소중한 하나의 인격체로 긍정적인 면을 찾아 이야기해 주고 격려해 준다. 아이는 부모의 인정을 통해 자신감을 쌓아가는 디딤돌이 될 것이다.

# 7. 짜증을 많이 내는 아이

아이들은 보통 배가 고프거나 잠이 오면 짜증을 많이 낸다. 왜 짜증이 나는지 물어보고 표현을 한다면 달래 주거나 짜증 나는 이유를 해결하는 방안이 가장 좋다. 대부분 유아기의 아이는 왜 짜증이 나는지 모르고 표현도 서툴기 때문에 원인을 잘 알기 어렵다. 피곤하거나 잠이 오는 경우는 표정에서 쉽게 드러나므로 잠을 재우면 되지만 그렇지 않을 때는 짜증의 원인을 찾기 위해 간식을 먹여 본다. 간식을 먹고 난 후 짜증을 내지 않는다면 배가 고파서 짜증을 낸 것이다.

이러한 상황을 제외 하고 이유 없이 짜증을 많이 내는 아이는 기질적으로 예민하고 신경질적일 가능성이 크다. 부모가 힘들겠지만 가장 힘든 것은 아이 자신일 것이다. 아이가 짜증을 내고 싶어서 내는 것이 아니기 때문이다. 이러한 아이에게 짜증을 내지 말라고 화를 내거나 윽박지르면 역효과일 뿐이다. 아이의 비위를 맞추며 화를 참는 부모의 역할도 매우 어렵다.

아이가 짜증을 억제하기 힘든 상황을 이해해야 한다. 짜증을 통해 내면에 쌓인 불안감과 스트레스를 해소하기 때문에 오히려 짜증의 긍정적인 효과를 생각해야 한다. 어떠한 욕구 충족이 완벽히 이루어지지 않았음을 표출하는 것이므로 짜증을 통해 비로소 피로의 회복, 스트레스 해소, 심신의 안정을 찾을 수 있다.

짜증의 빈도나 정도가 심해진다면 아이에게 어떤 점이 가장 짜증이 나는지 조심스럽게 물어본다. 짜증을 내는 중에 물어보기보다 모든 짜증이 끝난 후 물어보는 것이 효과적이다. 짜증 중에 물어보는 것은 아이를 더 자극하거나 감정적인 대답만 할 가능성이 크다.

또한, 짜증 중에 물어보고 원하는 바를 해주면 짜증의 원인을 제거하기보다 짜증의 빈도가 더 늘어날 수 있다. 이유는 짜증을 통해서 원하는 바를 얻는다는 것을 구체적 행동을 통해 습득했기 때문이다. 물어보는 이유는 당장 원하는 대로 해주기 위해서가 아닌 객관적으로 짜증의 원인을 알아보기 위해서 이다. 납득하기 어려운 이유로 짜증을 낼 때는 무시 한다.

아프다거나 긴박한 상황에서의 짜증은 당연히 받아들여져야 할 것이다.

아이가 사소한 이유로 짜증을 낼 때는 조바심을 내지 말고 그 짜증이 모두 그칠 때까지 기다려야 한다. 부모에게도 기다리기 힘든 시간이다. 앞서 언급한 바와 같이 답답한 마음에 짜증을 들어 주면 다시 짜증이 반복될 수밖에 없다. 짜증이 모두 끝나고 이 짜증으로 인해 아무런 소득 없이 서로 에너지가 소모되었을 뿐이라는 것을 알게 해주는 것이 바람직하다.

# 8. 장난이 심한 아이

　장난이 심한 아이는 크게 두 가지 상황으로 나뉘어 살펴볼 필요가 있다. 먼저 부모가 있는 자리에서 장난을 심하게 치지만 유치원이나 학원 등 부모가 없는 곳에서 장난을 치지 않는 아이, 두 번째는 부모 앞에서는 얌전하고 차분하지만, 부모가 없는 곳에서 장난을 심하게 치는 아이를 볼 수 있다.

　첫 번째의 경우, 부모의 양육 태도가 아이를 수용적인 자세로 아이의 행동을 받아 주기만 한 경우이다. 이 경우, 장난을 치거나 문제를 일으켜도 부모가 해결해 줄 것이라는 믿음이 내재 되어있다. 그리고 부모는 장난을 치더라도 심하게 혼내지 않는다는 사실을 알고 있다. 시간이 갈수록 장난의 정도는 점점 심해진다. 부모는 양육 태도를 바꾸어야 할 필요성이 있다.

장난을 심하게 치는 즉시 타인의 시선을 의식하지 않고 따끔하게 꾸짖어야 한다. 감정에 기인한 꾸짖음은 소용이 없다. 아이가 어떤 행동을 잘못했는지 일깨워 주고 왜 그러한 행동을 하는지 명확히 말하도록 한다. 자신의 잘못을 아는 아이는 잘못했다고 바로 말하지 않는다. 부모는 자신에게 이미 편한 상대가 되어 있으므로 다른 핑계를 대거나 장난일 뿐이라고 하며 억울함을 호소할 것이다.

타인에게 피해를 주는 행동은 장난을 넘어서는 범위이다. 부모는 그 핑계에 휘말리지 않아야 한다. 강경한 어조로 장난으로 인한 아이의 그릇된 행동을 밝혀 주며 그것이 왜 잘못 되었는지 구체적으로 이야기해 주어야 한다. 처음에는 효과가 없거나 마음이 아플 수 있지만, 점차 아이는 부모도 자신을 꾸짖는다는 것을 인지할 장난의 빈도가 점차 줄어들게 될 것이다.

두 번째 경우, 반대로 부모가 아이를 지나치게 엄격한 잣대로 대하거나 심하게 혼내는 경우이다. 부모가 없는 장소에서 문제를 일으키거나 장난을 심하게 친 아이들의 부모는 하나 같이 우리 아이가 그럴 리가 없다고 소리 높여 말한다. 그 이유는 부모 앞에서는 한없이 순하고 착한 모습을 보여주다가 부모가 없는 장소에서 그릇된 행동을 하기 때문이다. 부모는 심하게 혼을 내고 엄격하게 대하지만 타인은 자신을 심하게 혼내지 못한다는 사실을 알고 있다. 이러한 아이의 경우 심한 장난이 발견되면 잘못된 행동을 알려주며 그렇게 하지 못하도록 가르쳐 준다. 그래도 멈추지 않고 장난을 심하게 친다면 '엄마(주 양육자)에게 말하겠다.'라고 하면 당장 부정적인 행동이 멈출 수 있다.

아이의 잘못된 행동을 따스하게 보듬어주는 방법도 있지만, 잘 받아들여지지 않는다. 부모의 사랑보다 엄격함을 더 받으며 자랐기 때문이다. 이 경우도 부모의 역할이 중요하다. 아이에게 잘못한 점에 대해서는 엄격함을 유지하되 많은 대화를 통해 긴장을 풀어주고 아이가 좋아하는 것을 함께 하는 등 유대감을 쌓아 서로 간의 신뢰를 형성해 가는 방향이 우선 되어야 할 것이다.

# 9. 엄마를 부끄러워하는 아이

    가끔 엄마를 부끄러워하는 아이가 있다. 아이가 엄마를 외모적으로 부끄러운 존재라고 인식하면 부모로서 화가 나기도 하지만 오히려 미안하고 마음이 아프다. 아이는 엄마의 외모가 부담스러운 부분이 있거나 다른 엄마와 다르다고 느낄 때 부끄러움을 느낀다. 특히 엄마의 행색이 초라하다고 여기면 아름답게 꾸민 다른 엄마들과 본인의 엄마를 비교한다. 아이들은 눈에 보이는 것을 그대로 믿으므로 보이는 것을 중요시하고 전부로 여긴다. 또, 예쁜 사람과 그렇지 않은 사람을 비교적 명확하게 구분한다.

    평소 꾸미는 것을 즐기지 않는 엄마는 아이가 원하는 이상적인 엄마의 모습을 갖추기 어렵다. 아이들의 정형화 된 관점에 맞춰

긴 머리에 항상 밝고 화려한 색상의 예쁜 옷을 입고 있어야 한다. 아이들이 좋아하는 모습의 엄마도 있지만, 반대로 주부로서 바쁜 엄마들이 많고, 꾸미는 것이 어색하고 불편한 엄마들도 있다.

조용한 시간에 아이가 엄마를 부끄러워한다면 어떤 점이 부끄러운지 차분히 물어본다. 아이가 솔직하게 말해 준다면 개선할 수 있는 부분은 바꾸어 나가는 것도 하나의 방법이다. 예를 들어 치마를 입었으면 좋겠다거나 구두를 신었으면 좋겠다는 것이다. 익숙하지 않은 엄마는 어색하겠지만 아이를 위해 가끔 치마나 구두를 착용할 수 있다. 항상 아이에게 맞춰 줄 수는 없지만 빠르고 간단한 해결책은 될 수 있다.

더 나아가 외적인 것에 벗어나 아이 스스로가 자존감을 가지고 다양성을 존중하는 자세를 길러주는 것이 더욱 궁극적인 해결책이 되어야 한다. 모든 이들이 천편일률적으로 같을 수 없다. 서서히 엄마를 이해할 수 있도록 아이와 외모에 대해 많은 이야기를 나누고 엄마가 훌륭하게 살아가는 모습을 보여준다면 아이들도 외모에 치우치지 않고 엄마에 대해 있는 모습 그대로 받아들이고 자랑스러움을 느낄 것이다. 세상에는 무수히 많은 엄마가 존재 한다. 이 모습은 너무나 다양하고 서로 다른 삶을 살고 있으므로 있는 그대로의 엄마 모습을 받아들이는 아이로 성장하는 것이 중요하다.

# 10. 목욕하지 않으려 할 때

  아이들이 목욕하기 싫어하는 이유는 눈에 비눗물이 들어가서 싫거나 추워서 혹은 목욕 자체가 귀찮은 경우이다. 작은 아이들이 샴푸 의자를 사용하기도 하지만 사실상 4~7세에 샴푸 의자를 사용하는 경우는 잘 없다. 눈에만 비눗물이 들어가지 않으면 괜찮다고 말하며 샴푸 모자를 활용하거나 머리를 감을 때 눈도 감고 있도록 해야 한다. 거기에 두려움이 클 수 있는데 아이가 천천히 적응하기 위해 하루 정도 물로만 씻겨준다. 샴푸를 할 때는 재빨리 헹궈주는 엄마의 민첩함이 필요하다. 날씨가 추울 때 역시 씻기 싫어하는 경우가 많다. 히터를 이용해 미리 욕실을 따뜻하게 해 두는 것도 방법이다.

  또 목욕이 즐겁고 재미있는 시간이라는 것을 인지시켜 주기 위해 아이가 좋아할 만한 각종 목욕 놀이 용품을 구비 하거나 버블 바스를 활용하여 거품 목욕을 즐길 수 있도록 하여 목욕 하기는 즐겁다는 것을 일깨워 준다. 다만 너무 욕조에 오래 있다 보면 피부가 건조해지므로 오랜 시간 목욕 놀이는 자제하도록 한다.

평소에는 기본적인 청결에 관련된 개념을 확립시켜 주어야 한다. 제대로 씻지 않으면 세균에 감염 되거나 면역이 떨어질 수 있다. 먼지나 때가 쌓여 냄새가 나거나 지저분한 모습은 타인에게 좋지 않은 인상을 남길 수 있다. 지저분한 자신의 모습을 상상하면 아이도 싫어한다. 잘 씻지 않는 사람의 모습을 그림으로 나타내는 것도 효과적이다. 도화지에 사람을 그리고 머리를 감지 않아 냄새가 나거나 팔다리, 얼굴, 손 등에 때가 탄 모습, 질병으로 아픈 모습 등을 그림이라는 구체물로 나타내면 더 이해하기 쉽다.

청결에 대한 습관은 어린 시절부터 길러주는 것이 좋다. 아이뿐 아니라 버스나 지하철 등 불특정 다수가 모이는 장소에서 가끔 청결에 신경 쓰지 않는 어른들을 볼 수 있다. 성인이 되어서는 습관화하기가 더 힘들다. 따라서 씻기 싫더라도 매일 밥을 먹는 것과 같이 꼭 해야 할 일이라는 것을 가르쳐 주어야 한다.

# 11. 편식할 때

　외동아이의 경우 가정에서 비교적 풍족한 음식을 제공하고 먹을거리에 대한 고민이 크게 없다. 언제든지 원하는 음식을 먹을 수 있다고 생각해 잘 먹으려 하지 않을뿐더러 본인이 좋아하는 음식만 먹어도 된다는 인식이 있다. 스스로 먹지 않으면 먹여줄 것이라는 막연한 기대심도 있다. 좋아하는 음식만 먹으며 크게 심각성을 느끼지 못한다. 그러나 이 같은 편식이 오랜 시간 이어질 때, 영양 불균형이 오거나 신체 발달에 부정적 영향을 준다. 다른 아이들보다 키가 작거나 왜소하다.

　편식을 고치기 위해서는 싫어하는 음식도 조금씩 접해야 할 필요성이 있다. 예를 들어 채소를 먹지 않을 때 볶음밥이나 카레에 잘게 잘라 넣어 먹게 하거나 갈아서 주스와 섞어 먹이는 방법도 있다. 이러한 음식들은 평소 아이의 입맛에 맞춰 주도록 한다. 급식시간에서 다른 친구가 먹는 모습을 관찰 하게끔 하는 것도 좋다. 아이들은 부모가 먹으라고 하면 잘 먹지 않지만, 친구들이 잘 먹으면 스스로 잘 먹고자 노력하게 된다. 시간이 지나 섭취한 음식에 관련된 설명을 해 준다. 채소류가 맛이 없지만, 우리 몸에 꼭 필요한 영양소를 제공한다고 알려주고 다양한 영양소를 섭취해야 건강하게 자라 어른이 되어서도 멋진 사람이 된다는 것을 이야기해 주는 것이 중요하다.

비슷한 상황으로 음식 자체를 잘 안 먹는 사례도 있다. 밥을 한 끼 정도 주지 않았다가 제공하면 잘 먹을 것이라는 이야기도 있지만, 선천적으로 입이 짧은 아이는 이조차 통하지 않는 경우도 많다. 밥을 주지 않다가 주었더니 토하기도 하고 위가 더 작아져 먹는 양이 더 적어지는 아이도 있다. 어쩔 수 없이 조금씩 자주 먹이는 수밖에 없다. 부모로서 힘들겠지만, 최선의 방책이다.

반면 형제자매의 경우 서로 먹으려 하거나 음식에 대한 집착을 보이는 경우가 있는데 대부분 부모는 첫째에게 양보하기를 권한다. 그러나 이는 잘못된 방식이다. 첫째라고 해서 양보할 필요는 없고 모든 자녀에게 공평하게 나누어 주는 것이 바람직하다.

# 12. 약을 안 먹을 때

아이가 아픈데 약을 먹지 않는다. 약통을 세게 부여잡고 강제적으로 입을 벌려 혀 안쪽에 넣으려 했다. 아이는 더욱 발버둥 치며 심하게 울며, 온몸을 활용해 필사적으로 막아낸다. 과자와 초콜릿을 주며 달래 보기도 하고, 아빠가 먹여 보기도 했다. 달래다 보니 숟가락에 덜어서 먹이는 방법을 택했다. 갓난아기 시절을 생각하고 약통을 이용해 먹여야 한다는 생각만 했을 뿐 이제 제법 컸다는 사실을 망각 했다. 아이와 대화가 된다는 생각을 못 하고 어리다고 생각해 막무가내 강제적으로 투약하려던 것이다.

숟가락으로 약을 먹였더니 쪽쪽 잘도 받아먹었다. 그리고 냉큼 초콜릿을 먹으며 행복한 표정을 짓는다. 초콜릿, 우유를 비롯한 유제품은 오히려 약 효과를 떨어뜨린다고 한다. 약 먹이고 물을 먹이는 것이 좋다.

아이가 말을 듣지 않고 약을 먹지 않아 다그쳤더니 오히려 무서운 엄마의 모습에 아이는 겁에 질려 울고 약을 더 안 먹었다. 아이가 잘 알아듣지 못하더라도 말로 잘 타이르면 주의 깊게 듣는다. 아이가 유아기로 성장하면서 강제적으로 약을 먹을 수밖에 없는 갓난아기가 아님을 인식해야 한다. 마냥 어리다고만 생각하기보다 아이의 성장과 발달 단계에 맞게 교육 하도록 한다.

아이도 쓴 약이 먹기 싫지만 빨리 낫기 위해 약을 먹어야 한다는 사실을 안다. 쓴맛의 고통을 먼저 인지하기 때문에 먹기 싫다고 악을 쓰며 울다가 부모와 실랑이를 벌이고 끝내는 약을 먹게 된다. 그렇게 약을 먹고 실제로 그렇게 쓴맛이 아니라는 사실을 알게 된다. 여기까지는 유아기 아이 누구나 겪는 과정이다. 이후 약을 먹는 것이 고통스럽고 힘든 일이 아님을 인정하면 다음부터 손쉽게 약을 먹을 수 있다.

약을 먹기 전, 빨리 나아서 즐겁게 놀 수 있는 긍정적 희망을 심어주고 약의 쓴맛은 물을 마시면 금방 사라지니 멋지게 약을 먹자고 하며 잘 타이르고 상황을 설명하면 아이는 누구보다 부모를 믿고 따른다.

# 13. 양치질하지 않을 때

아이는 초콜릿과 아이스크림, 사탕의 유혹에 약하다. 마트나 빵집을 가더라도 달콤한 음식들이 즐비하게 아이의 눈높이 맞춰 진열된 상태로 고객을 응대 한다. 하나도 아니고, 두세 개씩 들고 좋아서 어쩔 줄 몰라 한다. 복권에 당첨된 어른의 모습과 별반 다를 바가 없다.

특히나 둘 중 하나를 선택하라고 해도 둘 다 사야 한다고 놓지 않고 울먹인다. 급기야 큰소리로 서럽게 울기까지 해서 단념하는 쪽은 엄마이다. 손님들이 북적이는 가게에서 우는 아이 때문에 영업에 방해될까 봐 재빨리 사서 피난민처럼 빠져 나온다. 아이는 자신이 승리한 상황을 놓치지 않는다. 이것은 남녀 간의 심리전보다 더 질기고 잦다.

그것보다 더 큰 문제는 '잠이 와서 조금 있다가 한다.'라고 핑계를 대며 미루는 양치질이다. 모유를 늦게 뗀 아이는 앞니가 노랗다. 치과에서는 너무 어려 마취를 해서 치료할 수 없다고 한다. 경과를 지켜보고 충치를 조금씩 때우자는 것으로 결론이 났다.

칫솔질을 잘하지 않는 아이를 위해 아이와 서로의 치아를 닦여준다. 아이는 엄마에게 이를 닦여 주면서 양치에 대한 습관과 익숙함을 기른다. 엄마는 아이에게 양치질해 주며 꼼꼼하게 닦는 느낌을 알 수 있도록 한다. 무엇보다 엄마와 아이의 재미있는 놀이로 습관을 만들어주고, 치아도 지키는 일거양득(一擧兩得)이 된다.

양치질과 관련된 책을 읽어주고 아프면 치과에 가서 치료한 경험을 들려주는 것도 도움이 된다. 책에서의 입속 세균은 그림으로 표현 되어 있다. 눈에 보이지 않지만, 이 같은 세균이 증식하고 있다는 사실에 아이들은 놀란다. 치아는 유치가 빠지고 새 치아가 한번 밖에 나지 않기 때문에 평생 써야 할 치아를 잘 관리 하도록 해야 한다. 치아가 썩어 치료를 받는 것보다 예방의 중요성을 알게 해준다. 어린이집이나 유치원에서 관련 교육을 받고, 집에서 수시로 책을 읽어 주고, 닦지 않으면 안 되는 이유를 찾아서 설명하고 이해를 돕는다.

# 14. 병원에 가지 않으려 할 때

출산하고, 산후조리원 퇴원 시, 예방 접종을 하고 집으로 왔
다. 아기 때는 주사의 아픔과 무서움을 모르다가 3세 무렵부터
두려움을 인식하고 있어서 그런지 주사를 맞기 전, 울기부터 시
작한다. 더욱이 평소에도 병원에 간다고 하면 "주사 맞아?"라고
먼저 묻는다. 주사를 맞는다고 하면 이미 눈물을 글썽이며 안
간다고 악을 쓰기에 어쩔 수 없이 "진료만 하고 오자"라며 어르
고 달랜다.

주사에 대한 공포로 의료기기 자체에 공포가 전이된다. 소아
과에서 귀와 코를 확인하기 위해 도구를 사용 하는데 아이는
주사와 흡사 하다고 여겨 울기 시작 한다. 의사 선생님은 주사
가 아니라고 하며 뾰족하지 않다는 것을 보여주고 손에도 갖다

대 준다. 아이는 뾰족하지 않아 일단 안심을 하지만 귀나 코에 넣으면 또 울기 시작 한다. 바늘처럼 뾰족하지 않다는 것을 알면서 우는 이유를 물어 보니 손보다 귀나 코가 감각이 예민해 더 아프게 느껴져 우는 것이었다. 그렇지 않음을 몇 차례나 가르쳐주고 겨우 진료를 끝낸다.

영·유아 검진이 있을 때 치과에 갈 때는 무서워할 아이를 위해 전날 밤에 미리 이야기해 둔다. 치아가 많이 상해서 치료를 받아야 하는 상황을 얘기한다. 아직 성장하는 과정이라 이를 치료하기에는 시간이 더 필요하다며 미뤄지기도 하지만 당장 하지 않아도 된다는 생각에 아이는 안심이다. 부모의 마음은 사탕, 초콜릿, 아이스크림을 늘 먹기에 걱정이 이만저만이 아니다. 치과에서는 치아 상태를 확인하고 칫솔질하는 방법을 배운다. 그리고 약간의 가벼운 치료로 끝나긴 해서 그런지 아이는 조금 울다가 그친다.

치아가 많이 상해 5세쯤이 되면 본격적으로 치료를 계획한다. 아이가 무서워서 울기 시작하면 엄마도 함께 운다. 아이의 고통은 부모에게 미안함으로 다가온다. 치과에 다녀온 날에는 아이도 엄마도 경각심이 들어 양치질에 온갖 신경을 세우며 열심히 이를 닦는다. 꾸준히 매일 양치질하는 습관은 후에 아이에게 아픔을 덜 남기기 위한 것이다.

# 15. 열나고 아플 때

감기에 걸린 아이는 밤늦은 시간, '쿨럭쿨럭' 기침을 하더니 급기야 미열도 있다. 기침 소리를 들으니 일어나기도 전에 힘이 빠진다. 아이에게 감기 증상이 나타나면 무엇부터 해야 할지 불안한 마음이 생긴다. 죽을 끓여 주어야겠다는 생각에 레시피를 연구하며 그 와중에 아이가 어떻게 하면 빨리 나을지 깊은 고뇌에 빠진다.

병원에서 진료를 받고, 약국으로 곧장 간 아이는 마치 쇼핑을 하듯 캐릭터 칫솔부터 비타민, 좋아하는 그림이 그려진 밴드까지 가슴팍으로 죄다 쓸어 담는다. 아이가 빨리 낫기만을 바라는 마음이 한정된 생활비로 살림하는 상황에서 어떤 방법으로 아이를 울리지 않고, 하나만 살 것인가? 하는 마음으로 바뀐다.

처음에는 쉽지 않았다. 아이가 어려서 모두 사고 싶은 마음은 이해하고 더욱이 아픈 아이를 울릴 순 없었다. 어쩔 수 없이 모두 사주었는데 그러다가 차츰 서너 살쯤이 되니 둘 중 하나를 선택하도록 하고 아이는 그렇게 하겠다며 지시에 따른다. 하나만 사고 만족하는 아이의 모습이 기특하다.

급체한 날도 있다. 저녁 늦게 먹은 밥과 나물이 체해서 자다가 일어나더니 갑자기 토했다. 깜짝 놀라 물을 먹였더니 물까지 토했다. 그러다가 탈수가 올 수 있기에 다음 날 아침 병원에 가서 수액을 맞췄다. 그러나 오후에도 계속 배가 아프다고 했다. 전전긍긍하다 인터넷을 검색하니 한의원에 가는 것도 방법이라는 글을 보았다. 한의원에서 한방치료로 손을 따서 괜찮았다는 것을 보고 갔더니 한의사 선생님이 침으로 따 주었다. 검은 피가 흐르고 아이도 약간 울었지만, 집에 와서 조금 있으니 "엄마 이제 아프지 않아." 하며 잘 놀기 시작했다.

아이가 열이 날 때 엄마는 어쩔 줄 모른다. 가능한 입원을 한다. 부모가 잠을 자는 사이 열이 더 심하게 나서 열경련을 일으키거나 열로 인한 나쁜 상황을 예방하기 위해서이다. 입원하는 동안 부모가 행여 잠을 자더라도 수시로 와서 열을 체크 해준다. 그것만으로도 안심이다. 아이가 아프거나 열이 날 때 곧 병원으로 가서 더 심각한 상황을 방지해야 한다.

# 16. 아이가 아프다는 전화를 받았을 때

출근과 동시에 어린이집에 보냈는데 얼마 후 아이가 아프다며 전화가 왔다. 마음이 철썩 내려앉았다. 아이의 어젯밤부터의 아이 행동을 생각하며 왜 아픈 것인지 어제까지 괜찮았는데 옷을 얇게 입혀 보내 감기에 걸린 것은 아닌지 여러 가지 생각을 하게 된다.

원장 선생님은 아프다는 것을 알려주고, 직장에 있는 나에게 일단 아이가 어린이집에 왔으니, 선생님과 원장 선생님이 잘 돌보겠다고 한다. 미열이니 해열제를 먹이고, 퇴근 후 아이를 데려가라고 한다. 그리고 너무 걱정하지 말고 업무 하라고 당부한다. 더 아프다거나 심해지면 당장이라도 전화 하겠다고 한다. 원장 선생님의 말씀이 감사하다. 직장에서 해야 할 일이 있고,

아이가 아프다고 당장 뛰어갈 수 있는 상황이 아니다. 휴가나 반차를 쓰기도 하지만, 그렇게 하지 못할 때가 더 많다.

어린아이는 한참 성장하며 면역력이 약해 자주 아프다고 한다. 퇴근과 동시에 아이를 데리러 가면 핼쑥해진 얼굴로 엄마를 바라본다. 이내 안심이 되는지 반기며 안긴다. 특히 아플 때 엄마의 빈자리를 느꼈지만, 다시 만나게 되어 안심하는 눈치이다. 아이를 데리고 병원으로 가는 길이 멀게만 느껴진다. 마음이 무겁고 가슴이 아프다. 병원에서 진료를 받고, 약국에 들러 사고 싶어 하는 어린이 비타민을 사주면 아픔을 감추고 희미하게 웃는다.

집에서 죽을 먹이고 쉬게 한 다음 약을 먹이고 재운다. 아이가 아플 때 오히려 잠이 안 오는지 더 놀고자 한다. 아픔을 잊기 위함인지 아프니 잠이 오지 않아서인지, 하루에 놀이할 양을 덜 놀아서 그런지 끝까지 놀고 그 놀이시간을 모두 채우고 잔다. 간식까지 다 먹고 자면 한시름 놓인다. 아이의 몸이 아프면 엄마는 가슴이 아프다.

그러나 아이는 아프면서 자란다. 낫고 난 아이를 바라보면 어느새 훌쩍 큰 느낌이다. 아픔을 극복하며 아이도 엄마도 한층 성숙해진다. 직장에 있을 때는 매우 난감하지만, 결과적으로 아이가 아프다가도 언젠가 낫는다는 넓은 시각을 가지도록 한다.

# 17. 위생 교육

위생 교육에 있어서 손을 통해 감염 되는 감기, 바이러스 감염증, 독감, 식중독, 설사, 복통 등은 손 씻기로 감소 될 수 있다. 특히 공중화장실 이용일수록 비누로 꼼꼼히 씻는 올바른 손 씻기가 중요하다. 손 씻기는 청소년이나 성인이 되었어도 감염병 예방을 위해서 음식 준비 전, 화장실 이용 후, 아이를 돌보거나 배변처리 후, 식사 전에 개인의 위생 실천이 중요함으로 인지시켜야 한다.

올바른 손 씻기는 비누를 사용하여 꼼꼼히 손을 문지르며 씻는 것부터 손을 씻은 후에는 수건으로 닦거나 건조하는 방법까지 익힌다. 이것은 개인의 건강뿐만 아니라, 함께 생활하는 가족을 건강뿐만 아니라, 공부하는 친구들과의 감염병을 막을 수 있다.

　구강 건강 행동에는 칫솔질 시간 1분 30초, 1일 3회로 칫솔
질하는 시간과 태도, 방법에 대해 꾸준히 가르쳐야 한다. 이것
은 단순히 지식 습득과 일회성으로 되는 것이 아니기에 적극적
인 관심과 건강교육에 신경을 써야 한다. 제대로 관리되지 않을
경우, 치아우식이 생기므로 사탕, 과자, 초콜릿을 먹고는 바로
칫솔질을 해야 하며, 반복적인 칫솔 교육을 통해 양치질하는 행
동에 습관 되어야 한다.

　어린이집과 유치원에서 양치질, 손 씻기 교육을 위해 관련
기관을 방문하여 학습하는 프로그램도 있다. 견학 및 체험 활
동을 갔다 온 날은 손을 씻는 방법과 양치하는 법을 혼자서
하기도 한다. 양치나 머리를 감지 않고, 목욕하는 것을 무서워
하거나 하기 싫어한다면 여자아이는 엄마와 남자아이는 아빠와
함께 하는 것을 추천한다. 양치질이나 목욕, 머리 감기 등을 서
로 해주며 구석구석 닦아준다. 아이는 점차 씻는 것을 두려워하
지 않고 즐거운 놀이로 생각한다.

　하루는 부모를 앉혀 놓고 이를 닦아 주겠다고 한다. 아이에
게도 해준다. 하지만 엄마, 아빠만 거품 나는 양치질을 계속해
주겠다며 장난을 친다. 아이는 엄마, 아빠에게 양치질해 줬다는
그 자체가 즐거움이고 행복이다.

# 18. 수면 교육

아이가 태어나고 가장 먼저 겪는 어려움이 수면 문제일 것이다. 영아기 시기의 아이와 달리 여러 번 깨지 않지만, 4~7세 유아기 시기의 올바른 수면 형성은 앞으로의 건강한 삶을 영위하기 위한 바탕이 된다. 5세 미만의 아이가 주로 다니는 어린이집의 경우 낮잠 시간이 있지만 5세 이상 유치원의 경우 낮잠 시간이 없다.

그래서 유치원 하원 후 피곤함을 호소하거나 집에서 낮잠을 자기도 한다. 이때 낮잠을 너무 오래 자서 밤잠에 영향을 끼치면 안 된다. 가정에서 낮잠을 잘 경우, 한 시간 이내로 자도록 한다. 낮잠을 많이 자서 지나치게 밤늦게 잠드는 일이 없도록 해야 한다. 너무 늦게 자면 다음 날 아침 당연한 결과로 늦게 일어난다. 그러나 유치원에 등원한 시간이 다가와 빨리 깨우고, 이러한 상황이 반복 되면 피로가 누적되고 생활의 흐름이 깨진다. 부모와 아이 모두 불편함을 초래한다.

아이가 수면의 흐름이 잘 형성 되도록 가족 모두의 협조가 필요하다. 아이가 잠들기 위해서 밤 10시 전으로 조명을 끄고 잠자리에 들어야 한다. 아이는 부모가 잠들지 않으면 스스로 잠을 자지 않으려 하는 습성이 있다. 물론 부모들은 늦게 자고 싶을 수 있다. 늦은 시간에 방영하는 TV 프로그램을 시청하거나 일과가 끝난 후 밤늦게 본인만의 시간을 가지고 싶기 때문이다. 그러나 자녀의 올바른 수면습관 형성을 위해 성장기에 반드시 함께 잠이 들도록 한다. 부모는 잠을 자지 않으면서 아이에게 잠을 자라고 하면 안 된다. 부모가 모범이 되어 아이도 편안하게 잠을 잘 수 있도록 한다.

건강한 수면은 발달을 촉진 시키고 두뇌 활동에 휴식이 되어 다음날 더 맑은 정신으로 하루의 일과에 임할 수 있다. 또한, 성장에 도움이 되며 피곤함이 줄어든다. 잠을 푹 잘 수 있도록 적절한 환경을 조성하는 것도 중요한데 아이가 너무 어두운 것을 무섭다고 하면 수면 등을 켜놓고 아이가 완전히 잠들면 끄도록 한다. 너무 습하거나 건조한 것도 좋지 않다. 온도와 습도를 알맞게 하여 쾌적한 잠자리 환경을 조성해야 한다.

# 19. 식사 습관

  편식 없이 스스로 밥을 잘 먹는 아이는 매우 기특한 아이다. 이러한 아이도 있지만, 입이 짧아 밥을 잘 먹지 않는 아이, 너무 많이 먹고 식탐이 많은 아이, 스스로 먹지 않는 아이, 수저질이 어려운 아이 등 부모는 다양한 사례에 봉착하게 된다.

  밥을 잘 먹지 않는 아이의 경우의 아이가 꽤 많다. 영·유아 검진이나 소아과 진료를 받을 때 가끔 여쭈어 보면 배가 고프게 한 다음 먹이거나 실컷 뛰어 놀고 난 뒤 식사를 하는 것이 좋다고 한다. 실제로 이 사례가 효과적이지만 입이 짧은 아이는 그마저도 통하지 않아 부모들은 애가 탄다. 영유아기 영양 섭취가 향후 신체 발달에 영향을 미치기 때문이다. 실제로 배가 고프게 한 뒤 식사를 하게끔 했으나 오히려 더 안 먹거나 짜증을 내는 경우가 있고, 잘 놀고 난 후 식사를 하게끔 했더니 토하는 경우도 더러 있다.

이 경우 아주 서서히 식사량을 늘리는 방법을 추천 한다. 아이는 먹는 양이 일정한데 더 애타는 마음에 더 먹이다가 역효과가 날 수 있다. 아주 조금씩 양을 늘리고 식사 중간에 부담이 없는 우유나 과일 등을 간식으로 제공하여 배가 고플 틈이 없도록 한다.

반면 식탐이 많아서 너무 많이 먹는 아이도 부모로서 걱정이 된다. 소아 비만이 차후 성인 비만으로 이어질 수 있기 때문이다. 아이가 식사량이 많다면 먹는 종류와 양과 종류를 매일 식사 때마다 기록 한다. 오늘날 인스턴트식품의 섭취가 늘고 있어 음식의 종류도 중요하다. 영양이 균형 잡힌 식사를 하는지 확인해 볼 필요가 있다. 그리고 기름진 음식이나 밀가루 음식 등은 줄이거나 횟수를 정해둔다(예시 : 주 1회 밀가루나 기름진 음식 허용). 실제로 많이 먹는다면 식사량을 조금씩 줄여야 한다.

아침저녁으로 함께 산책 하거나 가볍게 달리기를 하고 운동을 정해두고 규칙적으로 하는 것도 좋다. 태권도나 줄넘기와 같이 아이들이 많이 하는 운동을 자연스레 접하게 해서 열량을 소비할 필요가 있다. 관리와 운동으로도 차도가 없다면 미루지 말고 의료 기관을 방문 하도록 한다. 소아 비만의 경우 단순히 식사량이 많아서의 문제도 있겠지만 성조숙증이나 내분비계열의 치료가 필요한 경우도 더러 있기 때문이다.

먹는 것에 대해서는 문제가 없지만, 수저질이 어렵거나 스스로 하지 않는 아이도 종종 볼 수 있다. 답답하더라도 스스로 하도록 해야 한다. 아이가 제대로 먹지 못 먹어서, 흘리고 다녀서, 혹은 답답해서 등의 이유로 부모가 밥을 먹여 준다면 아이는 발전이 없다. 대부분 아이는 어린이집이나 유치원에서 또래 친구들이 스스로 밥을 먹는 모습을 보고 본인도 그렇게 스스로 먹고자 도전해 본다. 잘하지 못하는 경우 이내 포기하기도 하나 그래도 끝까지 스스로 먹는 이유는 가정과 같이 처음부터 끝까지 먹여주는 이가 없을 뿐더러 아이도 또래 보다 뒤처지는 것을 인식하기 때문이다. 가정에서는 그러한 대상이 없다. 스스로 먹지 않으면 부모가 먹여 준다는 사실을 알고 있다. 부모로서 기다림의 시간을 갖고 스스로 먹도록 기다려주고 서툴게나마 스스로 해냈다면 긍정적 상호 작용으로서의 아낌없는 칭찬을 해준다.

수저 사용이 어려운 아이의 경우, 마찬가지로 다급할 필요가 없다. 가정에서 숟가락과 포크, 더 나아가 젓가락 사용법을 가르쳐 주지만 집에서는 하지 않으려 한다. 그런데 어느 날 자연스럽게 수저질이 되는 것을 발견할 수 있다. 이는 가정에서 가르친다 하여 아이가 따라 하지 않는다. 부모라는 존재는 일단 본인이 마음대로 할 수 있고 말을 듣지 않는다 하여도 상관이 없다고 이미 느끼고 있다.

그러나 친구나 어린이집이나 유치원 선생님의 존재는 다르다. 아이가 수저질이 갑작스럽게 되는 것은 아니다. 그렇게 보였기 때문이다. 다만 유아교육 기관에서 친구들이 하는 것을 보고 부단히 따라 하거나 선생님의 말씀을 듣고 경각심이 들어서 하는 것이다.

# 20. 신체 발달과 왜소한 아이

또래에 비교해 신체 발달이 늦는 아이가 있다. 성장 속도가 늦는 것이라면 나중에도 자랄 수 있으므로 뒤늦게 자라는 대기 만성형 성장이라 할 수 있다. 그래서 신체 발달이 늦더라도 조급할 필요가 없다. 어린 시절 작았던 아이가 성인이 되어 키가 큰 경우를 많이 볼 수 있다. 부모는 아이가 또래보다 발달이 빠른 것을 선호하지만, 어린 시절 당장 발달이 빠르고 신체적으로 큰 것보다 서서히 자라나는 경우가 더 많이 자랄 수 있음을 인지하고 또한 그 사례가 매우 많다는 점을 이해하면 걱정할 필요가 없다. 단, 영·유아 검진 시 눈에 띄게 발달이 늦다면 전문가의 개입이 필요하다. 이는 성장 발달만이 아니라 행동이나 인지 발달에 영향을 줄 수 있기 때문이다.

앞서 언급한 신체 발달이 늦은 아이와 달리 신체 발달이 빠르면서 왜소한 아이가 있다. 모든 아이가 체격이 클 수 없다. 큰 아이가 있는 만큼 작은 아이도 있다. 이러한 다양성을 받아들이기에는 사실 부모의 걱정이 앞선다. 아직 사회적 선입견으로 큰 키를 선호하기 때문이다. 부모가 작더라도 아이는 키가 크기를 바라는 애틋한 마음도 무엇보다 잘 알고 있다. 애석하게도 부모 모두 키가 작거나 왜소한 경우 아이 역시 작을 가능성도 있다. 이는 유전적 요인도 있지만, 함께 생활 하며 체득된 습관이나 오랫동안 이루어진 식습관도 가족 모두가 함께 하기 때문이다.

그러나 부모가 키가 작아서 유전적으로 작은 아이들을 걱정할 필요는 없다. 영양가 있는 좋은 음식을 최선을 다해 골고루 먹이고 적절한 운동을 시키며 성장 호르몬이 분비하는 시간인 밤 10시에서 새벽 2시 사이로 아이를 재운다면 그것만으로도 부모의 역할로 최선을 다한 것이다. 식습관과 수면 습관에도 긍정적인 영향을 끼치므로 더욱 중요하다.

성장 발달에 도움이 되는 줄넘기나 농구, 팔다리의 성장 판을 주물러 주는 것도 좋다. 다만 영·유아 검진 시 키와 몸무게가 5% 미만일 경우 병원을 내원 하도록 한다. 언젠가 더 자라겠지 하며 간과 한다면 아이가 더 자랄 수 있는 시기를 놓치게 된다. 성장 전문가의 견해를 들어보는 것도 중요하다. 지나치게 작다면 기다릴 수 없다. 조기에 치료를 개입해 성장 발달에 도움이 될 수 있도록 해야 한다.

엄마표 유아 생활교육

2022년 7월 25일 초판 인쇄
2022년 7월 30일 1쇄 발행

지은이    이현지 구본숙
만든이    박찬순
만든곳    예술의숲
         등록 2002. 4. 25.(제25100-2007-37호)
         주    소 · 충북 청주시 상당구 교서로 2
         전    화 · 070-8838-2475
         휴 대 폰 · 010-5467-4774
         이 메 일 · cjpoem@hanmail.net

         ⓒ 이현지 구본숙 2022. Printed in Cheongju, Korea
         ISBN 978-89-6807-194-2 13360
         * 잘못된 책은 구입한 곳에서 바꾸어 드립니다.
         * 책값은 뒤표지에 표시하였습니다.